C.H.BECK  WISSEN

in der Beck'schen Reihe

W0190948

Mutter Teresa, 1910–1997, gehört zu den prominentesten Frauen des 20. Jahrhunderts. Für ihre wohltätige Arbeit in den Slums von Kalkutta und von dort aus weltweit erhielt sie den Friedensnobelpreis. Bereits sechs Jahre nach ihrem Tod – so schnell wie keine andere Person – wurde sie seliggesprochen. Trotzdem ist über den medienwirksamen «Engel von Kalkutta» erstaunlich wenig bekannt. Mythen und Legenden bestimmen das Bild von der sich aufopfernden Frau, die trotz zahlreicher Interviews und Schriften über ihr eigenes Leben nie viel preis-gegeben hat. Marianne Sammer beschreibt das geistige Umfeld der heranwachsenden Albanerin Agnes Gonxha Bojaxhiu, ver-folgt den Weg der jungen Nonne bis zu ihrer Ordensgründung in Indien, stellt ihr missionarisches Werk und ihre Spiritualität dar und geht der Frage nach, warum die unpolitische «Heilige» weltweit für Politiker so interessant war.

Marianne Sammer lehrt als Privatdozentin Kulturwissenschaft an der Ludwig-Maximilians-Universität München.

Marianne Sammer

MUTTER TERESA

Leben, Werk, Spiritualität

Verlag C. H. Beck

Mit 5 Abbildungen

Originalausgabe
© Verlag C.H. Beck oHG, München 2006
Gesamtherstellung: Druckerei C.H. Beck, Nördlingen
Umschlagabbildung: Mutter Teresa, © getty-images/Tim Graham
Umschlagentwurf: Uwe Göbel, München
Printed in Germany
ISBN-10: 3 406 53605 0
ISBN-13: 978 3 406 53605 2

www.beck.de

Inhalt

Vorwort

Mutter Teresa ist eine der bedeutendsten Frauen der Zeitgeschichte. Über ihre Persönlichkeit, ihr Lebenswerk und ihr spirituelles Profil ist dennoch erstaunlich wenig bekannt. Ihr positives Bild hat sich seit der Verleihung des Friedensnobelpreises (1979) in der Öffentlichkeit kaum verändert, ebensowenig wie die Vorstellung von dem Wertekanon, für den sie mit ihrem Engagement für Entwicklungshilfe, soziale Verantwortung und christliche Nächstenliebe einstand. Da Mutter Teresa sorgfältig darauf geachtet hat, daß ihre zahlreichen Biographen stets die Übereinstimmung von Image und Persönlichkeit hervorhoben, verschmolzen ihr Wesen und die von ihr repräsentierten Ideen in der öffentlichen Wahrnehmung unauflöslich. Nicht nur die katholische Kirche, auch die internationalen Medien beteiligten sich intensiv an der Gestaltung der «Ikone der Nächstenliebe» und ihrer Symbolkraft vor allem in den Zeiten des Kalten Krieges. So gibt es bis zum heutigen Tag keine Biographie Mutter Teresas, die dieses Ideal der Humanität anders als apologetisch darstellt oder gar unter historisch-kritischen Gesichtspunkten haltbar ist. Eine solche kann im Grunde auch heute noch nicht geschrieben werden, weil das überaus mannigfaltige Material schwer oder gar nicht zugänglich ist. Doch wird dies erstaunlicherweise nicht einmal als Mangel empfunden. Noch weniger erforscht und dokumentiert ist ihr Lebenswerk, insbesondere die Geschichte der zahlreichen von ihr gegründeten religiösen Gemeinschaften und deren Leistungen. Den popularisierenden Vereinfachungen des Themas «Mutter Teresa» sind sogar die frömmigkeitsgeschichtliche Einordnung und die theologische Würdigung ihrer Spiritualität zum Opfer gefallen, die in Wahrheit tiefgründiger sind, als sie in der bisher erschienenen Literatur hervortreten.

Das vorliegende Buch will jenseits von Legenden und hagiographischen Vereinfachungen auf der Grundlage gesicherter
Quellen Leben, Spiritualität und Werk der Mutter Teresa be-
schreiben. Damit korrigiert es das geläufige Bild des «Engels
von Kalkutta» an vielen Stellen. Wie schon meine 2003 erschie-
nene Studie zu Mutter Teresa ist aber auch dieses Buch bei aller
Kritik an frommen Legenden vom Respekt vor einer herausragenden Frau der Zeitgeschichte getragen.

I. Wer war Agnes Gonxha Bojaxhiu?

Eine Jugend in Skopje

Mutter Teresas bürgerlicher Name lautete Agnes Gonxha Bojaxhiu. Sie wurde am 27. August 1910 in Üsküp – dem späteren Skopje – geboren, das bis zum Ausbruch des ersten Balkankriegs im November 1912 zum Osmanischen Reich gehörte. Ihre Eltern, Nikola (Kolë) und Drana Bojaxhiu, stammten aus Prizren und lebten seit 1900 in Skopje, einer – gemessen an den sonstigen Verhältnissen auf dem Balkan – expandierenden Industriestadt. Als katholische Albaner gehörten sie einer sozialen und religiösen Minderheit an. Die im Jahr 1900 noch 32 000 und 1910 bereits 47 000 Einwohner der Stadt waren überwiegend Muslime oder orthodoxe Christen. Kolë war politisch für die albanisch-nationale, antitürkische Unabhängigkeitsbewegung aktiv und unterstützte sie auch finanziell. Er stammte väterlicherseits aus einer sehr vermögenden Kaufmannsfamilie mit internationalen Geschäftskontakten; der Wohlstand seiner Mutter gründete auf einem Stickereibetrieb. Nach seiner Heirat 1900 stieg er zunächst in einen Pharmaziehandel ein, unterhielt dann ein Architekturbüro und betrieb danach zusammen mit einem Geschäftspartner eine erfolgreiche Baufirma, deren Erträge er in Immobilien investierte. Schließlich gründete er mit einem italienischen Gesellschafter eine europaweit tätige Handelsfirma für Lebensmittel, Stoffe und Leder. Die italienischstämmige Drana, eine geborene Bernai, war Mitbesitzerin der großen Ländereien ihrer Familie in Serbien. Sie war mindestens fünfzehn, nach manchen Quellen sogar achtzehn Jahre jünger als ihr Mann, der sie demnach als Zwölf- oder Vierzehnjährige geheiratet hatte, und mit geschäftlichen Angelegenheiten kaum befaßt. Ihr oblagen neben der Erziehung der drei Kinder Aga (geb. 1905), Lazar (geb. 1908) und Agnes hauptsächlich gesellschaftliche Aufgaben, denn die Bojaxhius lebten trotz ihres Minderheitenstatus durchaus nicht isoliert: Kolë war Mitglied des Stadtrats und als solcher regelmäßig Gastgeber politischer und geistlicher Würdenträger – darunter auch des Erzbischofs von Skopje. In der Öffentlichkeit trat er nicht nur als Politiker, sondern auch als großzügiger Spender hervor, so für den Bau des ersten Stadttheaters oder für die Unterstützung Notleidender.

Die Legendenbildung um Mutter Teresa beginnt mit dem Jahr 1919, als der plötzliche Tod des Vaters in seinem 45. Lebensjahr dem großbürgerlichen Leben der Familie ein Ende machte und bei der Mutter eine extreme Hinwendung zur Religion ausgelöst haben soll, die sie auf Agnes übertrug. Kolë war zu Gesprächen über die Angliederung der Provinz Kosovo an Großalbanien nach Belgrad gereist. Er wurde mit starken inneren Blutungen zurückgebracht, denen er bald erlag. Ein freilich haltloses Gerücht spricht davon, er wäre aus politischen Motiven vergiftet worden. Drana fehlte jede unternehmerische Kompetenz, einen seriösen Geschäftsnachfolger oder Verwalter gab es nicht, überdies hatte sie keinen Zugriff auf ihre eigenen Liegenschaften, so daß sich die finanzielle Lage der jungen Familie verschlechterte, zumal die allgemeinen wirtschaftlichen Rahmenbedingungen der Nachkriegszeit verheerend waren. Immerhin erlaubten die Ressourcen und die Einnahmen aus ihrem Handarbeitengeschäft, das große eigene Haus zu halten und die Kinder ein staatliches Gymnasium besuchen und sie später auch studieren zu lassen. Von Armut oder Existenznot konnte, entgegen der Darstellungen vieler Biographen, auch nach Kolës Tod keine Rede sein.

Die Erinnerungsberichte aus dieser Zeit, die in den Biographien der späteren Mutter Teresa zu lesen sind, bedienen zu viele hagiographische Topoi, als daß sie zuverlässig sein könnten. Mutter Teresa lehnte es zeitlebens ab, Episoden aus ihrer Jugend zu erzählen (aber auch zu berichtigen) und ließ ihren Biographen freie Hand. Ihr Bruder Lazar hingegen und ihr Vetter Lush Gjergij zeigten sich fünf Jahrzehnte später Journalisten gegenüber sehr mitteilsam, aber auch hier ist Vorsicht geboten: Lazar war bereits fünf Jahre nach dem Tod des Vaters nicht mehr zu Hause, sondern beim Studium in Österreich und da-

nach auf der albanischen Militärakademie in Tirana, und Lush
Gjergij war nur ein Außenstehender. In seiner Doppelfunktion
als Journalist und Priester lag ihm an einer zu Mutter Teresa
passenden und für ihn lukrativen Jugendgeschichte. Unter anderem soll Drana, obwohl sie ihre eigenen Kinder kaum ausreichend hätte versorgen können, regelmäßig eine ältere Frau ge-
speist und für sie geputzt haben; für die Kinder noch ärmerer
Familien hätte sie genäht und ihr letztes Geld geopfert, eine
Alkoholikerin hätte sie gepflegt, eine Tumorkranke geheilt,
überdies sechs Waisenkinder aufgenommen, und diese Men-
schenfreundlichkeit sei für ihre Kinder ein belehrendes Beispiel
christlicher Nächstenliebe gewesen. Daß es sich bei diesen Verrichtungen um Präfigurationen des Wirkens von Mutter Teresas
Orden handelt, ist offensichtlich. Der Versuch, die heiligmäßige
Vorbildlichkeit eines Menschen aus seinen natürlichen Anlagen
und seiner christlichen Erziehung abzuleiten, findet sich immer
wieder in den Lebensbeschreibungen von Heiligen, so auch bei
Bernhard von Clairvaux und Theresia von Lisieux, die beide
auf Mutter Teresas spirituelle Entwicklung starken Einfluß aus-
übten. Drana erfüllt nach hagiographischen Gesichtspunkten
das Muster der «barmherzigen Samariterin», Mutter Teresa erscheint als dessen Vollenderin.

Außer Zweifel jedoch steht, daß Agnes' Eltern sehr religiös
waren und auf eine sorgfältige katholische Erziehung ihrer
Kinder großen Wert legten. Als Katholiken trotzten sie dem
seit Jahrhunderten wirksamen Islamisierungsprozeß. So wirkte ihre Religiosität identitätsbildend und bestimmte zugleich
das politische Selbstverständnis der Familie als freie Albaner.
Als weitgereister Geschäftsmann, Politiker und Mittelpunkt
des gesellschaftlichen Lebens der Stadt bestand der Vater aber
ebenso nachdrücklich auf gepflegten Umgangsformen und vor
allem auf einer fundierten Schulausbildung seiner drei Kinder,
die alle das Abitur ablegten. Er selbst war überaus kulturbe-
flissen und soll neben Albanisch und Serbokroatisch auch Tür-
kisch, Italienisch und Französisch gesprochen haben. Aga erhielt mehrere Schülerpreise, studierte Nationalökonomie und
arbeitete als Journalistin, ehe sie zu Radio Tirana wechselte.

Auch Agnes war eine begabte Schülerin; sie las gerne, schrieb Gedichte und nahm Mandolinenunterricht. Sie und Aga sangen im Gemeindechor und im katholischen Jugendchor und gaben sogar innerhalb ihrer Pfarrei eigene Konzerte.

Mutter Teresa eine einfache bäuerliche Abstammung zuzuweisen, wie mitunter – so bei den frühen Biographen Edward LeJoly (Mutter Teresas Spiritual und Beichtvater), James McGovern oder Malcolm Muggeridge – zu lesen ist, hat hagiographische Gründe: die Reden eines ungebildeten albanischen Bauernmädchens an die Weltöffentlichkeit erscheinen auf diese Weise noch deutlicher vom Heiligen Geist inspiriert, ihr Pragmatismus des unumwundenen «Zupackens» bekommt seine bodenständige Verwurzelung und ihre zentralen Themen – christliche Familie und Nächstenliebe – sind zurückgeführt auf das Urbild der gottesfürchtigen, armen, aber glücklichen Bauernfamilie. Sie habe eine glückliche Jugend und ein schönes Familienleben gehabt: Mehr erfuhr man von Mutter Teresa nicht.

Der Einfluß der Jesuiten

Drana, sehr jung Mutter geworden und ohne eine ihren Kindern vergleichbare Bildung aufgewachsen, änderte nach dem Tod ihres Mannes die erzieherischen Schwerpunkte nicht. Sie unterstützte jedoch durch ihr eigenes Vorbild und ihr soziales und religiöses Engagement entsprechende Neigungen ihrer Töchter. Mit der Ankunft des kroatischen Jesuiten Franjo Jambreković, der 1925 als neuer Priester die Heilig-Herz-Kirche in Skopje übernahm, eröffnete sich für Agnes eine neue Welt. Bei der Gemeindearbeit setzte er seine pastoralen Akzente ganz in der Tradition der jesuitischen Volkskatechese. Er animierte insbesondere die Jugend, Theater zu spielen, zu musizieren und religiöse Gemeinschaft bei Wanderungen, Festen, Konzerten und kulturellen Veranstaltungen zu pflegen, aber auch konkret Nächstenliebe zu üben, etwa soziale Dienstleistungen zu erbringen. Lazar konnte ihn nach eigener Auskunft nicht ausstehen, Agnes jedoch fühlte sich zu diesem Priester besonders hingezogen. Sie ließ sich in sämtliche Projekte einbinden und empfing von ihm ihre zutiefst in der jesuitischen Spiritualität verhaftete geistliche Prägung. Jambreković war für Agnes nicht nur ein Vaterersatz und Erzieher, er war ihr geistlicher Betreuer und Beichtvater, mit dem sie sich vollständig identifizierte und dessen Vorbild sie nachzuahmen strebte.

Gleich nach seiner Ankunft gründete er, wie es in seinem Orden seit dem 16. Jahrhundert üblich war, eine «Sodalität der Kinder Mariens», also eine Marianische Kongregation. Diese Einrichtung hatte im Zuge der Maßnahmen zur inneren Reform und Rekatholisierung der Kirche nach den Richtlinien des Konzils von Trient eine wichtige Funktion im Rahmen der Volksmission erhalten und war seit ihrer Bestätigung durch Papst Gregor XIII. im Jahr 1684 in jesuitischer Hand geblieben. Der Zweck dieser Laienvereinigungen, die europaweit immer nach demselben Muster eingerichtet wurden, hatte sich seither nicht geändert: Der Priester versammelt die Mitglieder um ein Muttergottesbild, «um sie durch Verehrung der Himmelskönigin in Tugend und Wissen, an Charakter und Bildung vorwärts zu bringen». Da die Marianischen Kongregationen binnen kürzester Zeit großen Zulauf fanden, wurden nicht nur Männer-, Frauen- und Kinderkongregationen, sondern auch, wo es sich anbot, Ständekongregationen eingerichtet, die einem Dienstmädchen ebenso wie einem Akademiker in einem adäquaten sozialen Umfeld Richtlinien zur geistlichen Lebensführung vorgaben.

Diese sahen nicht nur tägliche, genau vorgeschriebene Gebete zu bestimmten Gebetszeiten vor, sondern auch regelmäßige Gewissenserforschung, Beichte und Kommunion, außerdem die Verrichtung von sogenannten «sieben leiblichen Werken der Barmherzigkeit», nämlich Kranke zu besuchen, Durstige zu tränken, Hungrige zu speisen, Gefangene zu erlösen (besuchen), Nackte zu bekleiden, Fremde zu beherbergen, Tote zu begraben (an Beerdigungen teilzunehmen). Man erkennt sofort, daß Dranas soziale Wohltätigkeit diesen Vorgaben folgt. Auch Taten, die zu den «sieben geistlichen Werken der Barmherzigkeit» zählen, sind den Kongregationsmitgliedern vorgeschrieben, doch eignen sie sich nicht alle für Laien. Der seit dem 12. und 13. Jahrhundert feststehende Werkekanon umfaßt die Aufgaben, Zweifelnde zu beraten, Sünder zurechtzuweisen, Unwissende (im Glauben) zu lehren, Trauernde zu trösten, Beleidigern zu verzeihen, Lästige zu ertragen und für Lebende und Verstorbene zu beten. Werke der Barmherzigkeit bewirken nach katholischer Überzeugung die Barmherzigkeit Gottes und gelten als wesentliches Mittel zur Selbstheiligung. Agnes verinnerlichte den Gedanken der Werkpflicht; die Ordensgründungen der späteren Mutter Teresa sollten sämtliche Werke der Barmherzigkeit umfassen und eine Art «Kosmos der Liebeswerke» bilden.

Zu den Pflichten eines Kongregationsmitglieds gehörte außerdem die Teilnahme an den geistlichen Übungen der Jesuiten, die auf ihren Ordensgründer Ignatius von Loyola zurückgehen und das Leben und Leiden Jesu zum Ausgangspunkt der Meditation machen. Darauf wird noch zurückzukommen sein. Agnes lebte sich auf diese Weise früh in die jesuitische Kontemplationstechnik ein. Sie trat später nicht nur bewußt einem jesuitischen Ordenszweig bei, sie wählte für sich und ihre Orden ebenso bewußt Jesuiten als Geistliche Betreuer und integrierte jesuitische Frömmigkeitsformen in die eigene Religionspraxis. Zu diesen spezifisch jesuitischen Frömmigkeitsformen gehörte auch die im 19. und frühen 20. Jahrhundert geradezu moderne Variante der Herz-Jesu- und Herz-Marien-Verehrung. Ihre Beliebtheit hing mit der Genehmigung des Festes des Unbefleckten Herzens Mariens (1855) und der Weihe der Welt an das Herz Jesu (1899) durch Papst Leo XIII. zusammen. Ihr ursprüngliches geistliches Profil hatten diese spätmittelalterlichen Andachtsformen während ihrer Adaptionsphase durch die Jesuiten bereits im 18. Jahrhundert verloren. Sie wurden in Marianischen Kongregationen besonders propagiert, was im Fall der Herz-Jesu-Pfarrei in Skopje sogar nahelag. Da Mutter Teresa die Herz-Jesu- und Herz-Marien-Verehrung seit ihrer Jugend pflegte, sei bereits hier auf die zentrale Bedeutung beider Devotionsformen innerhalb ihrer Orden hingewiesen.

Als Leiter der Kongregation oblag es Jambreković außerdem, eine geistliche Bibliothek zusammenzustellen. Für Agnes barg diese Bibliothek entscheidende Weichenstellungen: Vor allem die Schriften der erst 1923 selig- und 1925 heiliggesprochenen

Theresia von Lisieux (1873–1897), die vielfach übersetzt vorlagen und frömmigkeitsgeschichtlich auf die christozentrische Leidensfrömmigkeit des späten Mittelalters zurückgehen, las Agnes mit großem Enthusiasmus. Den Kerngedanken dieser Texte, durch eigenes körperliches und seelisches Leiden das Leiden Christi zu lindern, bezeichnete Mutter Teresa später als treibende Kraft der Arbeit aller von ihr gegründeten Ordens- und Laiengemeinschaften. Agnes wählte sich ihren Ordensnamen Teresa bewußt nach Theresia von Lisieux – der sogenannten «kleinen Theresia» – und nicht nach der «großen» Teresa von Ávila (Schutzheilige Spaniens, 1515–1582). Hinsichtlich ihres neuen Namens und ihres Entschlusses, einem jesuitennahen Missionsorden beizutreten, bestand eine aus Agnes' Sicht glückliche Koinzidenz: die kleine Theresia erhielt 1927 das Patronat für die Weltmission – übrigens ohne jemals ihr Kloster verlassen zu haben.

In Jambreković's Bibliothek befanden sich darüber hinaus periodisch erscheinende Missionszeitschriften und -briefe, die Agnes ebenfalls leidenschaftlich aufnahm. Besonders die jesuitische Bengalenmission im Osten Kalkuttas, an der seit ihrem Beginn 1925 auch einige einheimische Brüder Jambreković's mitwirkten, faszinierte sie und weckte in ihr den Wunsch, ebenfalls Indienmissionarin zu werden. Das Thema Mission war nach dem Erscheinen zweier päpstlicher Missionsenzykliken 1919 und 1926, dem ersten internationalen Missionskongreß in Utrecht 1923 und der Ernennung einer entsprechenden Patronin überaus aktuell und wurde als Aufgabe der Gesamtkirche betrachtet. Agnes, deren Gedanken damals nurmehr um die geistliche Erlebniswelt kreisten, die ihr Jambreković eröffnet hatte, beschloß, sich nach ihrem Abitur 1928 dieser Aufgabe zu stellen. Daß Drana zunächst nicht begeistert war, ihre achtzehnjährige, wohlbehütete Tochter als Nonne in Indien zu wissen, und Lazar, der schon länger nicht mehr zu Hause lebte, der Entscheidung gänzlich verständnislos gegenüberstand, erscheint ohne weiteres glaubwürdig. Daß Agnes permanent zu Kränklichkeit geneigt habe und ihre Eignung als Missionarin in Frage stand, ist in Anbetracht der robusten Ge-

sundheit Mutter Teresas weniger überzeugend. Es handelt sich
wohl eher um eine hagiographische Analogie zur lebenslang
gesundheitlich geschwächten, mit 24 Jahren an Tuberkulose
verstorbenen Patronin der Weltmission. Auch die immer wieder zu lesende Behauptung, Mutter Teresa hätte während einer
Predigt über den Fortgang der jesuitischen Indienmission bereits als Zwölfjährige den Ruf in sich gespürt, Missionarin zu
werden (z. B. Allegri), ist symbolisch zu verstehen, denn zu
diesem Zeitpunkt existierte diese Mission noch nicht: Die Zahl
Zwölf spielt auf die Zahl der Apostel an, die als Missionare in
die Welt zogen, das Christentum zu verkünden, und stellt Mutter Teresa in deren Nachfolge.

2. Wie baut man einen Orden auf?

Als Novizin und Lehrerin in Kalkutta

Agnes bat um Aufnahme in den Orden der Loreto-Schwestern,
die in Kalkutta eine Schule für höhere Töchter führten. Dieser
Orden war 1822 von Francis Mary Teresa Ball (1794–1861) als
selbständiger irischer Zweig der Englischen Fräulein gegründet
worden, hatte sein Mutterhaus in Rathfarnham (Dublin) und
unterhielt außereuropäische Niederlassungen in Gibraltar, Kanada, den USA, Australien, Afrika und Indien, die als Lehr-
und Erziehungsanstalten für Mädchen Missionsarbeit leisteten. Die Englischen Fräulein wiederum verstanden sich als
Jesuitinnen, waren aber als Kongregation päpstlichen Rechts
von der Leitung des Jesuitenordens unabhängig. Sie hatten,
analog zu diesem, eine eigene Generaloberin, die ebenfalls nur
dem Papst Gehorsam schuldete, und lebten, wie die Mitglieder
des Jesuitenordens, nicht in Klausur. Die Stiftung der Institution erfolgte bereits 1609 durch Mary Ward (1585–1645). Sie
wird allerdings erst seit einer entsprechenden Erklärung Papst
Pius' IX. vom 6. April 1909 offiziell als Gründerin anerkannt,
obwohl ihr binnen kürzester Zeit international verbreitetes In-

stitut seit 1632 als päpstlich geduldete Lehr- und Erziehungs-
einrichtung für Mädchen geführt wurde. Da man die Statuten
als zu progressiv für einen Frauenorden ansah, ließ die päpstliche Bestätigung der Kongregation bis 1877 auf sich warten.

Agnes wollte also Lehrerin in der indischen Diaspora werden
und reiste am 26. September 1928, begleitet von Mutter und
Schwester, nach Zagreb, wo sie sich für immer von ihnen verabschiedete. Ihr Weg führte sie weiter nach Paris zu einem Auf-
nahmegespräch und schließlich nach Rathfarnham. Ihr Status
war der einer Postulantin: Sie hatte eine mindestens sechsmona-
tige Probezeit zu absolvieren, die zur Aufnahme in den Orden
als Novizin führen sollte, und zwar, wie in Frauenklöstern üblich, in Klausur. Im Mutterhaus blieb sie gerade sechs Wochen,
hauptsächlich damit beschäftigt, Grundkenntnisse der englischen Sprache zu erwerben. Danach reiste sie nach Kalkutta,
wo sie am 6. Januar 1929 eintraf. Das zweijährige Noviziat, eine
kirchenrechtlich vorgeschriebene zweite Probezeit, verbrachte
sie dort und im rund 500 Kilometer nördlich gelegenen Darjeeling. Es dient dem betrachtenden Gebet, dem Studium der Or-
denssatzungen, der Ordensgelübde sowie dem Erwerb klöster-
licher Tugenden (z. B. Gehorsam und Demut) und umfaßt Reli-
gionsunterricht ebenso wie häusliche Arbeiten, in Schwester
Teresas Fall auch dem Missionsdienst zuzurechnende Tätigkei-
ten. Die Fortschritte bei der Anpassung an das Klosterleben
werden von einer Novizenmeisterin überwacht. Schwester Teresa legte am 24. Mai 1931 die ersten zeitlichen Gelübde ab.

Auch die ersten Jahre in Indien sind biographisch kaum greifbar. Schwester Teresa bekam offenbar eine Art Lehrerausbil-
dung, um dann an der Schule der Loreto-Schwestern im Stadtteil Entally zu unterrichten, und half manchmal in einer kleinen
Ambulanzstation. Über ihre (angeblichen?) Erlebnisse verfaßte
sie hin und wieder für die jugoslawische Missionszeitschrift
«Katholische Mission» (Katholiča Misija), die schon in Skopje
zu ihren Lieblingslektüren gezählt und sogar von ihrer Abreise in die Indienmission berichtet hatte, kleinere Texte – die
einzigen übrigens, die als eigene, tatsächlich von ihr selbst verfaßte Dokumente erschienen sind. Sie entsprachen genau dem

emphatischen Stil von Missionsberichten, die den naiven hei-
matlichen Leser mehr erbauen als informieren sollen und ein
eigenes trivialliterarisches Genre bilden: «[...] Alle Augen
richten sich voller Hoffnung auf mich. Mütter geben mir ihre
kranken Kinder [...] Mein Herz schlägt vor Glück: ‹Ich kann
Dein Werk fortsetzen, liebster Jesu. Ich kann vielen Kummer
lindern.› [...] Man braucht lange, um die einzelnen zu behandeln und ihnen die nötigen Ratschläge zu geben. Man muß
ihnen mindestens dreimal erklären, wie sie eine bestimmte
Medizin nehmen sollen. Diese armen Leute haben kaum die
einfachste Schulbildung [...] Ich sage ihnen, sie sollen mir die
Kinder bringen, denen ihr Arzt nicht helfen kann; ich hätte
eine wunderbare Medizin für sie. Sie versprechen es und tun,
was ich sage. Ich bin glücklich, den Kindern die beste Medizin
überhaupt geben zu können: die heilige Taufe, die ewige Selig-
keit. Später kommt [...] ein Mann mit einem Bündel, aus dem
zwei Beine herausragen. Der kleine Junge ist sehr schwach, er
wird bald sterben. Ich laufe, um Weihwasser zu holen. Der
Mann hat Angst, daß wir das Kind nicht aufnehmen wollen,
und sagt: ‹Wenn ihr ihn nicht wollt, dann werfe ich ihn ins
Gras. Die Schakale werden ihn nicht verschmähen.› [...] Voller
Mitleid und Liebe nehme ich den Kleinen in den Arm und hülle
ihn in meine Schürze. Das Kind hat eine zweite Mutter gefunden. ‹Wer ein solches Kind um meinetwillen aufnimmt, der
nimmt mich auf›, sagt der göttliche Freund aller Kleinen (vgl.
Matthäus 18,5). Das Erlebnis mit dem blinden Kind hat diesen
meinen Arbeitstag geprägt.» (zitiert nach Porter und Konermann)

Von der Praxis, Nottaufen an Andersgläubigen durchzufüh-
ren, abgesehen, ist über Schwester Teresas eigentliche Missionstätigkeit wenig zu erfahren; die Entscheidung, wer aufgenommen wurde, oblag ihr mit Sicherheit nicht, und als eine Art
Ärztin arbeitete sie ebensowenig; erst Jahrzehnte später sollte
sie in einem Schnellkurs medizinische Grundkenntnisse erwerben. Der Bericht erfüllt die Klischees der Gattung und dokumentiert lediglich, daß Schwester Teresa glaubte, die existenzi-
ellen Nöte der hinduistischen und muslimischen Inder mit dem

Heilsangebot ihrer Kirche lösen zu können, und Entwicklungshilfe für sie Dienst an Gott und daher katholische Mission bedeutete. Daß es ihr schwerfiel, angemessen auf die fremde Umgebung einzugehen und selbst verstanden zu werden, zeigt sich
auch daran, daß sie sowohl in jungen Jahren als auch später
nur sehr unzureichend die Landessprachen Hindi und Bengali
beherrschte.

Schwester Teresa unterrichtete nach ihrem Noviziat fünfzehn Jahre lang an der ordenseigenen St.-Mary's High School,
einem repräsentablen Anwesen mit Internat, Mädchen aus den
besten (kolonialherrlichen) Kreisen in den Fächern Religion,
Erdkunde und Geschichte in englischer Sprache. 1937 übertrug
man ihr die Leitung der Schule. Ihre Zuständigkeit umfaßte
auch die auf dem Klosterareal gelegene St.-Mary's High School
für bengalische Mädchen, wo Englisch als zweite Fremdspra-
che gelehrt wurde. An dieser Schule unterrichteten die «Töchter der heiligen Anna» – ebenfalls eine jesuitennahe Gemeinschaft mit einem Zentrum in Ranchi –, die den Loreto-Schwestern angeschlossen waren. Die Annen-Töchter an der Schule
waren Bengalinnen und trugen blaue Saris. Es ist nicht auszuschließen, daß deren Ordenstracht später dem Habit der Missionarinnen der Nächstenliebe als Vorbild diente. Ebenfalls
1937 legte Schwester Teresa die ewige Profeß ab und hieß jetzt
«Mutter Teresa». Dieser Titel war innerhalb ihres Ordens für
Lehrfräulein üblich und hängt weder mit ihrer Funktion als
Schuldirektorin noch mit ihrer sozialen Kompetenz noch mit
ihren späteren Ordensgründungen zusammen. Im selben Jahr
bekam Mutter Teresa den Status einer britischen Untertanin,
nicht aber, wie häufig zu lesen ist, einer indischen Staatsbürge-
rin; Indien existierte erst seit 1947 als selbständiger Staat.

Ob man annimmt, Mutter Teresa habe auch regelmäßig an
der St.-Teresa-Grundschule für Arme unterrichtet und sei dort
mit dem unfaßbaren Elend der unteren Kasten konfrontiert
worden, hängt davon ab, für welche der überlieferten Versionen von Mutter Teresas Erleuchtungserlebnis man sich ent-
scheidet. Besagte Grundschule befand sich nämlich außerhalb
Entallys in einem der nahegelegenen Slums.

Die Legende vom Zugerlebnis

Zwanzig Jahre lang lebte Mutter Teresa im Kloster als Loreto-Schwester und soll nach Aussage des Spirituals der Schule, des Jesuiten Julien Henry, und ihres damaligen Beichtvaters, des belgischen Jesuiten Pater Céleste van Exem, den unmittelbar benachbarten Slum Motijhil niemals betreten haben. Das würde bedeuten, daß sie weder an der St.-Teresa-Grundschule unterrichtete noch die Marianische Schülerinnenkongretation der Loreto-Schwestern jemals auf den Slumbesuchen begleitete, die der Verrichtung von Werken der Barmherzigkeit galten. Andere Biographen jedoch betonen, sie sei jahrelang zusammen mit Schülerinnen aus der Kongregation, hauptsächlich sonntags, in die Slums gegangen, um zu helfen, bis sie schließlich das sorglose Klosterleben als unangemessen einfach empfunden habe und in schwere Gewissensnöte geraten sei. Beide Versionen dienen dazu, Mutter Teresas zweite Berufung – die erste war, den Schleier zu nehmen – motivisch zu begründen, und sind in Hinblick auf die zahllosen Widersprüche und Ungereimtheiten in den Mutter-Teresa-Viten eigentlich kaum erwähnenswert. Unter legendarischen Gesichtspunkten jedoch ist es ein Unterschied, ob eine sorglose Mutter Teresa am 10. September 1946 im Zug nach Darjeeling auf dem Weg ins Schwesternhaus die Erleuchtung empfing, einen eigenen Orden zu gründen, der nur für die Ärmsten der Armen unter deren eigenen Bedingungen arbeiten sollte, oder ob eine sorgenvolle Mutter Teresa im Zug sich plötzlich entschloß, mit einer solchen Ordensgründung der von ihr gefühlten sozialen Verantwortung gerecht zu werden. Die erste Version folgt dem Saulus-Paulus-Muster. Es läßt Mutter Teresa als Werkzeug Gottes und ihre Taten als von Gott autorisiert erscheinen. Die andere Version wirkt zeitgemäßer und entspricht eher dem Selbstverständnis eines aktiven Ordens.

Ob überhaupt eine der beiden sehr topischen Versionen – bzw. die «Zugoffenbarung» als solche – der Wahrheit nahekommt, kann dahingestellt bleiben. Für den Orden der Missionarinnen der Nächstenliebe ist Mutter Teresas Zugerlebnis jedenfalls so wichtig, daß er den 10. September als seinen eigentlichen Grün-

dungstag feiert. Er kann sich mit beiden Versionen identifizie-
ren, weil beide die Heiligkeit Mutter Teresas und die Arbeit ihres
Ordens als «Gotteswerk» in hellem Licht erstrahlen lassen. Die
Zugoffenbarung ist eindeutig als Parallele zu Matthäus 19,29
bzw. Markus 10,29 konstruiert, wo jedem, der um Gottes willen «Häuser oder Brüder, Schwestern, Vater, Mutter, Kinder
oder Äcker verlassen hat», das «ewige Leben» garantiert wird,
denn: Mutter Teresa gab ihr Kloster, die Schwestern und alle
Annehmlichkeiten auf, um dem «Ruf Gottes im Zug» zu folgen.
Zudem benennt der Vers die heilsökonomische Motivation
Mutter Teresas, als Ärmste unter den Armen den Ärmsten der
Armen dienen zu wollen: «Viele aber, die jetzt die Ersten sind,
werden dann die Letzten sein, und die Letzten werden die Ersten
sein.» Hinter Mutter Teresas Entscheidung, alles aufzugeben
und «die Letzte» sein zu wollen, steht, wie bei jeder ihrer Ordensschwestern, der Wille, in den Himmel zu kommen bzw., in
ihren eigenen Worten, «heilig werden» zu wollen. Das Zugerlebnis stellt außerdem einen hagiographischen Wendepunkt dar:
«In diesem Moment, als sie die Weisung zu dem neuen Weg in
ihrem Herzen vernahm, begann das eigentliche Werk der Mutter Teresa. Hier endet ihre Biographie, und hier beginnt die Biographie jener heiligen Frau von Kalkutta, deren Leben sich fort-
an in noch radikalerer und ausschließlicherer Weise auf die – wie
sie es nennt – Stimme Gottes verläßt.» (Konermann, S. 57)

Tatsächlich ist Mutter Teresa auch im Rückblick seit dem
Entschluß zur Ordensgründung biographisch kaum mehr greifbar. Das Leben der jungen Agnes und der Loreto-Schwester
wurde nach hagiographischen Kriterien umgeschrieben: Die
spätere Mutter Teresa weigerte sich, Erinnerungen preiszuge-
ben, und zerstörte sogar entsprechende Dokumente. Es sollte,
so ihr Wille, nichts Persönliches in die Geschichte ihres Lebens-
werks einfließen und nichts darauf hinweisen, daß dem Wirken
Gottes in ihrem Werk von Menschenhand nachgeholfen worden sein könnte. Ihr Umfeld, das sie natürlich als große Frau
verehrte, schrieb an ihrer Legende mit, indem «Erinnerungen»
zu entsprechend nutzbaren Exempelerzählungen literarisiert
wurden, also zu Episoden, die beispielhaft bestimmte Facetten

ihrer Frömmigkeit aufzeigen können. Deshalb setzt die Legendenbildung bereits bei ihren Eltern ein und schließt die innere
Biographie der «eigentlichen» Persönlichkeit Mutter Teresas
aus. Die zwanzig Jahre bei den Loreto-Schwestern erscheinen
im Licht der Legende nicht als zwei Lebensjahrzehnte und damit als wesentliche Kapitel einer Persönlichkeitsgeschichte,
sondern als eine Art ereignislose Bereithaltungsphase für den
Ruf Gottes im Zug nach Darjeeling und den Beginn eines zweiten Lebens. Es wird in den Viten nur an Episoden erinnert, die
auf ihre spätere Berufung vorausweisen können. Nach ihrem
Heraustreten in die Weltöffentlichkeit war das Leben der Ordensgründerin Mutter Teresa mit der Geschichte ihrer Orden
und der Reihenfolge ihrer stets von der Presse begleiteten Reisen und der ihr zuteil gewordenen Preisverleihungen weitgehend identisch. Ihr Leben bildete, einsetzend mit dem legendarischen 10. September 1946, ein Kapitel moderner Kirchenge-
schichte, das für die Weltöffentlichkeit (und für Katholiken)
gelebt und geschrieben wurde. «Natürlich haben Menschen,
die sich völlig hingeben wie Mutter Teresa, keine Biographien.
Biographisch gesehen, geschieht bei ihnen nichts. Für andre
und in andern zu leben, wie sie und die Schwestern der Nächstenliebe es tun, bedeutet, Ereignisse auszuschalten, die Faktoren des Ichs und des Willens sind.» So Muggeridge, Journalist
und Verfasser einer der ersten Viten.

Eine fromme Karriere beginnt

Mutter Teresa kam also, so die offizielle Version der Vita, von
ihren Exerzitien in Darjeeling mit dem Plan zurück, eine eigene
Missionsgemeinschaft zu gründen, die in den Slums wohnen
und dort ihren Dienst verrichten sollte, und setzte ihren Beichtvater, den Jesuiten Céleste van Exem, und im Jahr darauf den
Erzbischof von Kalkutta, den Jesuiten Ferdinand Périer, davon
in Kenntnis. Dessen Entscheidung, Mutter Teresa zu unterstützen, ließ über ein Jahr auf sich warten und war letztlich eine
politische: Ein zwingender Grund, einen neuen Orden zu genehmigen, bestand nicht, weil es zahlreiche Orden gab, die bereits in die Slums gingen und professionell Hilfe leisteten, so

auch die «Töchter der heiligen Anna», mit denen Mutter Teresa ohnehin schon zusammenarbeitete. Naheliegend wäre gewesen, sich einem dieser Orden anzuschließen und für die eigene Missionsarbeit bereits bestehende Strukturen zu nutzen, nicht aber das Risiko einzugehen, einen neuen Orden genehmigen zu lassen, dessen Weiterbestand nicht sicher war oder den älteren Institutionen die nötigen Mitglieder abwerben konnte. Andererseits waren nach Abzug der Briten aus Indien und der damit verbundenen Gründung der Staaten Indien und Pakistan (1947) massive Veränderungen in der politischen und gesellschaftlichen Landschaft zu erwarten, die für die christliche Mission dieser Länder destruktive Folgen haben konnten. Die christlichen Kirchen hatten sich schon immer gegen die Teilung Indiens ausgesprochen und zu Hindus und Muslimen ein friedliches Verhältnis gepflegt, doch fühlten sie sich nun nach dem Rückzug Großbritanniens als religiöse Minderheiten nicht mehr ausreichend geschützt.

Zwischen 1946 und 1948 gab sich die souveräne demokratische Republik Indien eine Verfassung, die das Recht auf freie Religionsausübung und -verbreitung vorsah. In diesem Zusammenhang diskutierte man auch das Recht auf Missionierung. Der zum Zeitpunkt von Mutter Teresas Antrag noch zur Annahme stehende Artikel 17 sah vor, daß «Bekehrungen von einer Religion zur anderen durch Zwang oder ungebührlichen Druck nicht anerkannt werden» sollten, was natürlich die christliche Mission bedrohte. In der Folgezeit wurde die Einreise christlicher Missionare durch die indische Regierung erschwert, weil nationalistische Hindus und andere Gruppen den Missionaren unlautere Bekehrungsmethoden vorwarfen und ihre eigenen religiösen Gefühle verletzt sahen. Das Klima blieb gespannt. 1954 schließlich wurde ein parlamentarischer Untersuchungsausschuß gebildet, dessen Abschlußbericht «die Missionstätigkeit der Kirche im Dienste des westlichen Willens zur Weltherrschaft als einen breit angelegten Versuch [sah], die geistige Eroberung als Ergänzung der politischen Autorität, die Europa bereits besaß, zu verwirklichen». (Fischer, S. 76) Das Dossier empfahl «Verbannung aller fremden Missionare aus

Indien, strenge Kontrolle über alle Bekehrungen und Taufen, das Verbot, ärztliche Hilfe als ein Mittel der Missionierung zu benützen und schließlich die Verfassung so abzuändern, daß das Recht auf Verbreitung einer Religion den indischen Staatsbürgern vorbehalten bliebe.» (Fischer, S. 76) Zu einem entsprechenden Regierungsbeschluß kam es zwar nicht, doch diese Ausführungen zeigen, daß christlicherseits eine gewisse Unsicherheit über den Fortgang der Indienmission durchaus begründet und staatlicherseits die christliche Beeinflussung Indiens überaus unerwünscht war.

Périer war aber auch aus einem innerkirchlichen Grund mit der Indienmission unzufrieden: Er hatte bereits 1944 auf einer Metropolitankonferenz in Madras die nach außen hin sichtbare Anpassung an die indische Mentalität und Lebensweise gefordert, damit Hindus und Muslime weniger Schwierigkeiten hätten, das europäische Christentum anzunehmen, und ihnen die Evangelisierung erleichtert werde. Innerhalb des Jesuitenordens waren solche Ansichten nicht neu; sie wurden im Prinzip schon während des sogenannten Akkommodations- oder Ritenstreits im 17. Jahrhundert zwischen Jesuiten und anderen in China und Vorderindien tätigen Missionaren vorgetragen und von den Päpsten zuungunsten der Jesuiten entschieden, weil deren damalige Akkommodationsforderung auch die Einbeziehung heidnischer Kulte und Riten in den christlichen Kult betraf. So weit wollte Périer – zwanzig Jahre später auch das 2. Vatikanische Konzil – natürlich nicht gehen. Ihm schwebte eine volksnahe Missionsweise vor, die demonstrieren sollte, daß das Christentum die kulturellen und sozialen Eigenarten der Inder respektiere und sich die christliche Einflußnahme auf religiöse und sittliche Belange beschränke. Der Plan, einen Orden zu gründen, der unter genau denselben Bedingungen wie die Inder – und noch dazu die Ärmsten unter ihnen – leben, ihre Speisen essen, ihre Sprache sprechen und ihre Kleidung tragen sollte, könnte von Périer selbst stammen, wenn ihn Mutter Teresa überhaupt alleine entwickelt haben sollte. Die «Einpflanzung des Christentums» erfolgte unter solchen Bedingungen nur durch Erweis und Annahme von Werken der Barmherzigkeit und konnte, weil damit für die Inder keine Einflußnahme auf ihre Persönlichkeitsrechte verbunden war, das Recht der freien Religionsausübung nicht verletzen. Périer sah das Christentum in den Augen von Indern am glaubhaftesten durch soziale Werke repräsentiert, deren Ausübung selbst von den Geringsten unter ihnen als ein liebevolles Zeichen von Gleichgestellten verstanden werden konnte. Périer und seine Berater setzten also auf Mutter Teresa und unterstützten ihren Orden, indem sie von Anfang an für größtmögliche öffentliche Beachtung sorgten. Wenige Jahrzehnte später hatte sich das Experiment mehr als gelohnt: Mutter Teresa hatte weltweit Massen mobilisiert – in obigem Sinne sogar missioniert – und der Kirche einen Zugewinn an Glaubwürdigkeit verschafft.

Sie wurde aus nicht bekannten Gründen nach ihren Exerzitien für ein halbes Jahr in das Loreto-Kloster Asansol versetzt. Erst kurz zuvor hatte sie das Amt der Oberin übernommen, wurde aber von ihrer greisen Vorgängerin, Mutter Cenacle, wieder abgelöst; nach ihr wurde Mutter Ita eingesetzt. Dem Aufenthalt in Darjeeling und ihrer darauffolgenden Abreise nach Asansol könnten also auch interne Schwierigkeiten zugrunde gelegen haben, über die sich die Viten selbstverständlich ausschweigen. Périer jedenfalls wies Mutter Teresa an, ihre Generaloberin in Rathfarnham zu bitten, das Kloster verlassen zu dürfen, und bei Papst Pius XII. in Rom eine entsprechende Genehmigung (Exklaustrierung) zu beantragen, die sie auch am 12. April 1948 für die Dauer eines Jahres erhielt und die ihre Ordensgelübde nicht tangierte. Sie schuldete jetzt nur noch Périer Gehorsam, der ihre nächsten Schritte sorgfältig organisieren ließ. Am 16. August 1948 – ein Tag nach Mariä Himmelfahrt und exakt ein Jahr nach der Gründung des Staates Indien (15.8.1947) – legte Mutter Teresa einen weißen Sari an und reiste nach Patna (Bihar) zu einer mehrwöchigen Einweisung in die Krankenpflege und Geburtshilfe bei den «American Medical Missionary Sisters».

Geplant wäre hierfür etwa ein Jahr gewesen, doch blieb Mutter Teresa nur einige Wochen. Sie behauptete, in den Slums mehr über Cholera und andere typische Krankheiten lernen zu können als bei den Missionary Sisters, im übrigen ginge sie davon aus, daß ihr ohnehin bald Ärzte und Krankenschwestern zur Seite stehen würden. Van Exem brachte sie vorläufig bei den «Little Sisters of the Poor» unter, einem seit 1839 bestehenden, international verbreiteten Orden zur Beherbergung und Betreuung alter, obdachloser Menschen, der sich aus Spenden und Bettel finanziert. Perier gab Mutter Teresa Geld, damit sie im Slum Motijhil, in der Nähe ihres alten Klosters, eine Hütte erwerben und mit dem Unterricht beginnen konnte. Die Hilfe von (ehemaligen) Schülerinnen und deren Angehörigen, sei es durch Geld- oder Sachspenden, sei es durch Mithilfe vor Ort, blieb nicht lange aus, zumal es im Freundes- und Bekanntenkreis der ehemaligen Schuldirektorin vermögende Menschen gab, auch Lehrer und Ärzte. Fehlendes wurde erbettelt. Ende Februar 1949 konnte sie im Obergeschoß des Hauses von Michael Gomes, einem wohlhabenden, wohl katholischen – manche Biographen behaupten muslimischen – Inder kostenlos wohnen, der außerdem so lange für ihre Verpflegung und die ihrer Gefährtinnen aufkam, bis sie aus Platzmangel umziehen mußten. Die Vermittlung dieser Bleibe hatten die Patres Henry und van Exem übernommen. Schon am 19. März meldete sich Subhasini Das, später Schwester Agnes, als erste Postulantin, am 26. März folgte Magdalen Gomes, gegen den Willen ihres großzügigen Vaters, als Schwester Gertrude. Bis Anfang 1950 hatte Mutter Teresa sieben Gefährtinnen geworben, alle aus dem Kreis ihrer ehemaligen Schülerinnen.

Die Zeit zwischen dem Zugerlebnis und der formellen Ordensgründung wird in den Viten als schwere Zeit der Selbstprüfung geschildert. Mutter Teresa ficht darin als schwache, kleine Frau heldenhaft gegen mißliche äußere Umstände und verständnislose Vorgesetzte einen aussichtslosen Kampf für die Ärmsten der Armen. Einzig ihrem festen Glauben und ihrem Pragmatismus verdankt sie den Sieg. Aber auch die Anfangsschwierigkeiten, etwa bei der Krankenbetreuung, beim Betteln oder bei der Werbung von Mitarbeitern und Mitschwestern, gehören fest zur Legende und finden sich in allen Biographien, z. B. bei dem ersten Spiritual ihres Ordens und ersten Vitenschreiber, dem

Jesuiten Edward LeJoly: «So stand sie auf der Straße: schutzlos, ohne Gefährtin, ohne Helfer, ohne Geld, ohne Beschäftigung, ohne ein Versprechen, eine Garantie, eine Sicherheit von irgend jemand.» Daß genau das Gegenteil der Fall war und kein Geringerer als der Erzbischof von Kalkutta Mutter Teresas Austritt aus dem Orden der Loreto-Schwestern und den Beginn ihres Wirkens in den Slums geplant und finanziert hatte, daß er sich in Rom für die Genehmigung ihrer Orden und deren Verbreitung außerhalb seiner Diözese einsetzte, daß der Jesuitenorden und ihm nahestehende Institutionen bei der Etablierung von Mutter Teresas Missionswerk kräftig mithalfen und ihr Unternehmen von Anfang an von einflußreichen geistlichen und weltlichen Kreisen in jeder Hinsicht unterstützt wurde, paßte offenbar nicht in die von ihr und ihren Förderern – die frühesten Biographien stammen von Jesuiten – angestrebte Legende. Über die Gründe hierfür ließe sich trefflich spekulieren.

Gerade die Ausblendung ihres organisatorischen Netzwerkes und ihrer Kontakte zu kirchlichen und staatlichen Institutionen bzw. zu einflußreichen Persönlichkeiten und insbesondere zur Presse enthistorisiert ihre Persönlichkeit und führt zur Bildung legendarischer Klischees. Ihr Werk sollte als gottgewirktes Wunder der Nächstenliebe erscheinen und in alle Länder «exportierbar» sein, nicht aber als politisch kalkulierte Maßnahme zur Absicherung der gefährdeten Indienmission erscheinen. Ersteres war in der Weltöffentlichkeit auf Begeisterung gestoßen, letzteres hätte in liberalen Kreisen und nicht zuletzt in Indien selbst viele Sympathien kosten können. Mutter Teresa verlangte die Aushändigung sämtlicher Dokumente und Briefe, die aus dem unmittelbaren Feld der Ordensgründung stammten, und zwar sehr bald. Sie richtete ihre Bitte schon an Périer, der 1960, also zehn Jahre nach ihrer ersten Ordensgründung, starb, dann an alle seine vier Nachfolger. Dies wurde stets mit der Begründung abgelehnt, die Dokumente, ohnehin als Akten der Zeitgeschichte nicht für die Öffentlichkeit zugänglich, gehörten dem Orden. Van Exem schließlich gab ihr im hohen Alter die besagten Papiere – es sollen zwei Kisten voll gewesen sein –, und Mutter Teresa entsorgte den Inhalt. Akten, die in vatikanische Archive gelangten, sind nicht einsehbar, zumal der Heiligsprechungsprozeß noch nicht abgeschlossen ist. Die Akteneinsicht in staatlichen Archiven ist, soweit sie überhaupt gestattet wird, nur mit einem enormen Reiseaufwand möglich. Mutter Teresas Orden behauptet, kein Ordensarchiv zu führen.

Die Missionarinnen der Nächstenliebe

Die Anerkennung ihrer Postulantinnengruppe durch den Papst erfolgte am 7. Oktober 1950. Die Patres Henry und van Exem hatten zusammen mit Mutter Teresa ein jesuitennahes Statutenwerk ausgearbeitet, das sich hauptsächlich auf die Regel der Loreto-Schwestern stützt. Périer übernahm die Abwicklung des Genehmigungsverfahrens und brachte den Antrag nach Rom. Papst Pius XII. verlieh der Gruppe den Status einer Diözesankongregation des Bistums Kalkutta. Sie wurde «Missionaries of Charity» genannt (offizielle Abkürzung «M. C.») und Périer unterstellt. Am 3. Dezember 1950 erhielt Mutter Teresa den Status einer Novizenmeisterin. Im April 1952 traten die ersten Postulantinnen ihr Noviziat an, im April 1953 legten sie ihre ersten Ordensgelübde ab. Seit 1953 hatte der Orden sein eigenes Mutterhaus in einer der besten Lagen Kalkuttas (Lower Circular Road 54a), das Périer zu einen Dumping-Preis von einem Moslem erwarb, der eilig nach Pakistan auswandern wollte. Als Spiritual wirkte der Jesuit Edward LeJoly. Bereits acht Jahre nach ihrer Gründung bekamen die Missionarinnen der Nächstenliebe von Papst Johannes XXIII. die Erlaubnis, auch außerhalb der Diözese Kalkutta Niederlassungen zu bilden; das Kirchenrecht sieht dafür eigentlich eine Frist von zehn Jahren vor. Die Anerkennung des Ordens als Gemeinschaft päpstlichen Rechts erfolgte im Februar 1965 durch Papst Paul VI. und erlaubte ihm nunmehr, Niederlassungen in aller Welt zu gründen. Die Missionarinnen der Nächstenliebe sind, wie der Jesuitenorden auch, unmittelbar dem Papst unterstellt.

Neben den üblichen Ordensgelübden der Armut, der Keuschheit und des Gehorsams schwören sie das «Gelübde des Dienstes an den Ärmsten der Armen», mit dem sie sich verpflichten, für ihre Arbeit keinen Lohn – auch keine Naturalien – anzu-

*Mutter Teresa trifft mit ihren Ordensschwestern
in Albanien ein.*

nehmen, sich nur existenzgefährdeter, von der Gesellschaft
ausgestoßener Menschen anzunehmen und mit diesen ihr Leben zu teilen. Sie entscheiden sich also für ein äußerst hartes
Leben in ärmlichsten Verhältnissen. Der Aufnahme in den Orden gehen deshalb längere Phasen der Selbstprüfung voraus.
Interessierte können während eines zweiwöchigen Aufenthalts
als «Come-and-Sees» erste Eindrücke und Erfahrungen gewinnen. Danach werden sie für ein halbes Jahr als Aspirantinnen in
die Ordensgemeinschaft integriert, in der sie ihre Entscheidung
gründlich abwägen und Englisch als ihre internationale Ordens-
sprache lernen sollen. Die Schwestern sind gehalten, auf englisch miteinander zu kommunizieren und zu beten. Dem einjährigen Postulat, das der Einführung in das religiöse Leben und
die Aufgabenbereiche des Ordens dient, folgt das zweijährige

Noviziat. Es ist inhaltlich dem der Loreto-Schwestern angeglichen und endet mit den ersten zeitlichen Gelübden. Die Ausbildung der Novizinnen erfolgt in Kalkutta, Rom, Manila, Nairobi, San Francisco oder Warschau. Die ewigen Gelübde werden nach dem einjährigen Tertiat und einem letzten dreiwöchigen Aufenthalt der Schwester in ihrer Familie abgelegt. Jede Schwester absolviert einmal jählich die ignatianischen Exerzitien.

Manchen Schwestern wird erlaubt, einen Beruf zu erlernen, der innerhalb des Ordens gebraucht wird und ihm Ausgaben spart. Das ist auch in vielen anderen Orden üblich. Da Mutter Teresa Wert darauf legte, daß die Tätigkeit ihres Ordens nicht von Ratschlägen und Entscheidungen mitarbeitender Laien oder ordensfremder Hilfsorganisationen abhängig wurde und ihm Organisation und Verwaltung nicht entglitten, ermöglichte sie einigen Schwestern, sich zu Ärztinnen und Juristinnen, aber auch Lehrerinnen, Sozialarbeiterinnen, Pflegerinnen oder Wirtschafterinnen ausbilden zu lassen.

Eine Schwester besitzt nicht mehr als drei Garnituren ihrer Ordenstracht – des weißen Saris mit den drei blauen Streifen –, zwei Garnituren Unterwäsche, eine Strickjacke und ein Paar Sandalen. Mäntel und Schirme sind Gemeinschaftseigentum. Zu den persönlichen Habseligkeiten gehören ein Rosenkranz, ein Gebetbuch, das an der linken Schulter getragene Ordenskreuz, ein Metallöffel und eine Tuchtasche, mehr nicht. Ihre Auslegung des Armutsgebots verbietet den Schwestern den gemeinschaftlichen Besitz eines Fernsehers, einer Tageszeitung, eines Computers oder einer Waschmaschine, weshalb jede Schwester täglich einen ihrer Saris mit der Hand waschen muß; es verbietet private Telefone, ja sogar die Pflege einer auch noch so bescheidenen Privatsphäre, weshalb die Schwestern zusammen in einem Raum schlafen und grundsätzlich nie allein unterwegs sind. Um eine stärkere Ortsbindung oder die Ausbildung von engeren Freundschaften zu verhindern, wird jede Schwester turnusmäßig in wechselnde ausländische Niederlassungen versetzt. Die Dependancen erhalten monatlich einen Rundbrief ihrer Generaloberin und pflegen den Austausch im Rahmen von Vertreterversammlungen.

Bei den üblichen Ordensniederlassungen handelt es sich um Häuser oder Stadtwohnungen, nicht um eigentliche Klöster, weil die Schwestern ja in der Welt der Bedürftigsten leben und missionieren wollen. Sie befinden sich deshalb auch häufig in schlechten Wohnvierteln. Durchschnittlich leben vier bis fünf Schwestern in einer Niederlassung, weshalb ihre Arbeit selten professionell ist, punktuell erfolgt und nur einen kleinen Wirkungskreis hat. In einem eigenen Raum muß ein kleiner Altar stehen, dazu ein Kruzifix mit der Aufschrift «Mich dürstet» und ein Andachtsbild von dem «Unbefleckten Herzen Mariens». Die Schwestern beten in diesem Raum kniend oder auf dem Boden sitzend; auch Gottesdienste finden darin statt. In einem weiteren Zimmer, das für Besucher nicht zugänglich ist, befinden sich die Schlafstellen. Alle anderen Räume – Büro, Küche etc. – dienen ihrem Missionsdienst und sind spartanisch ausgestattet. Die Selbstverwaltung muß improvisiert sein, darf keine Kosten verursachen und nur wenig Zeit erfordern, die Buchhaltung muß auf das Notwendigste beschränkt werden. Bleistifte, Hefte und in großen Niederlassungen höchstens noch eine Schreibmaschine sind die wichtigsten Arbeitsmittel. Zu Mutter Teresas Zeiten sollen im Mutterhaus nur zwei Schwestern, ausgestattet mit den genannten Utensilien, die Verwaltung des gewaltigen Ordens- und Helfersystems bewältigt haben. Später sollen es drei geworden sein. Es handelt sich dabei freilich um eigene Angaben, die zur Selbstdarstellung des Ordens gehören, von Mutter Teresas Biographen stets positiv gewürdigt werden und wie ein weiteres Wunder klingen: «Die gesamte Verwaltungsarbeit für ein ungemein effektives Hilfswerk mit 4600 Nonnen auf allen Kontinenten, mit mehr als 170 Schulen, Obdachlosenheimen, Lepradörfern allein in Indien schaffen zwei Schwestern mit einer altersschwachen Schreibmaschine.» (Feldmann, S. 90)

Der Tagesablauf einer Missionarin der Nächstenliebe zielt ab auf ein möglichst ausgewogenes Verhältnis von religiöser Kontemplation und Missionsarbeit, teilt sich äußerlich in «Dienste an Gott» und «Dienste an den Menschen» auf und ist streng geregelt: Aufstehen um 4.40 Uhr, Stundengebet um 5.00 Uhr, tägliche Messe mit Predigt um 5.45 Uhr, anschließend Frühstück und Hausarbeit. 8.00–12.30 Uhr Missionsdienst. Mittagessen 12.30 Uhr, danach Ruhepause. 14.30–15.00 Uhr Lesungen und Meditation, anschließend Tee; 15.15–16.30 Uhr eucharistische Anbetung. Missionsdienst bis 19.30 Uhr, anschließend Abendessen. 21.00 Uhr Nachtgebet, 21.45 Uhr Nachtruhe. Während sie den Armen dienen, sind die Schwestern gehalten zu beten, um die Bezogenheit ihrer Arbeit auf Gott fortwährend zu meditieren und auf diese Weise ihre Entbehrungen mit Freuden zu ertragen.

Die Verehrung der unbefleckten Herzen Jesu und Mariens

Da Mutter Teresa den Orden der Missionarinnen der Nächstenliebe dem «Unbefleckten Herzen Mariens» weihen und in jeder seiner Kapellen ein entsprechendes (möglichst billiges und gewöhnliches) Bild anbringen ließ, ist es für das Verständnis seiner Spiritualität unverzichtbar, einen Blick auf das Wesen und die Geschichte dieser Andachtsform zu werfen. Sie ist in unmittelbarem Zusammenhang mit der ebenfalls sehr sorgfältig gepflegten Herz-Jesu-Verehrung des Ordens zu sehen, die auch ihrerseits in der Anbringung entsprechender Andachtsbilder ihren Ausdruck findet. Die Schwestern erhalten von der Generaloberin zum Herz-Jesu-Fest und zum Fest des Unbefleckten Herzens Mariens Rundbriefe, sie begehen die Herz-Jesu-Freitage und die Herz-Marien-Samstage, sie feiern die an die Herz-Jesu-Verehrung gebundene Heilige Stunde an den Donnerstagen, um die Leiden Christi am Ölberg zu meditieren, sie lenken im Mai ihre Andacht auf Maria und im Juni auf das Herz Jesu. Mutter Teresa war, wie gezeigt wurde, seit ihrer Jugend in Skopje mit den jesuitisch geprägten Formen der Verehrung der Herzen Jesu und Mariens vertraut. Beide fungieren in Mutter Teresas Vorstellung wie geistliche Begegnungsportale zum leidenden Christus und der liebenden Gottesmutter.

Die durch wechselseitige Liebe bewirkte mystische Vereinigung der menschlichen Seele mit Gott ist biblisch verankert, etwa im 1. Johannesbrief 4,16: «Gott ist die Liebe; und wer in der Liebe bleibt, der bleibt in Gott und Gott in ihm.» Auch das

Verständnis des Herzens Christi als Symbol für die Liebe des Erlösers zur Menschheit und als Sitz der göttlichen Weisheit ist biblisch begründet. Blut und Wasser, die aus der Seitenwunde flossen, wurde von den Kirchenlehrern als Quell des Lebens *(fons vitae)* gedeutet, dem die sakramentalen Gnaden und die Kirche selbst entspringen. Eine eigentliche Herz-Jesu-Verehrung jedoch ist erst im 13. Jahrhundert mit dem Aufkommen spezieller Frömmigkeitsübungen und Anrufungen festzustellen. Das von der Lanze durchbohrte, schmerzende, leibliche Herz Jesu – nicht das Herz als Symbol Christi – war Ausgangspunkt und zugleich Zentrum der Andacht. Im Mittelpunkt stand die Reflexion der leidenden Liebe Christi für die Menschheit mit dem Ziel, um des eigenen Seelenheiles willen in Gegenliebe zu Christus zu entbrennen und das eigene von Gottesliebe schmerzende Herz in Gott zur Ruhe kommen zu lassen.

Die Kerngedanken, das Verschmelzen des Herzens Jesu mit dem Herzen des gottliebenden Menschen, das wechselseitige Ausbluten der Herzen, um den jeweils anderen mit seiner Liebe zu überschütten und dessen Herz in Gegenliebe überströmen zu lassen, der Herzschmerz der Sehnsucht nach der mystischen Vereinigung von Seele und Gott finden sich schon im der ältesten Herz-Jesu-Dichtung. Als deren primus inventor galt jahrhundertelang der Zisterzienserabt Bernhard von Clairvaux, dem man sogar das älteste diesbezügliche Lied, «Summi Regis cor aveto» (des Prämonstratensers Hermann Joseph, gest. 1241) zuschrieb. Der ebenfalls nur pseudo-bernhardinische «Mystische Weinstock» («Vitis mystica»), eine Summe der mittelalterlichen Herzverehrung, schildert unter anderem den um Mitleid flehenden, leidenden Jesus, dessen Herz ihn vor Verlassenheit und Schmach bis in den Tod schmerzt. Die Grundüberzeugung der Ordensschwestern, in jedem leidenden und in seinem Leid einsam gelassenen Menschen müsse man den am Ölberg oder am Kreuz leidenden Christus erblicken, stammt letztlich aus der pseudo-bernhardinisch geprägten Herzverehrung. Die Schwestern pflegen und trösten mit ihrem Missionsdienst an den Ärmsten der Armen den von allen verlassenen, Unsägliches erleidenden Christus, und zwar mit aller Selbst-

hingabe, zu der, so ihre Logik, ihr in Gottesliebe sich schmerz-
voll ausblutendes Herz fähig ist. Gleichzeitig soll ihr Blick auf
das Leid dieser Menschen ihr Herz in Gottesliebe entflammen
lassen. Biblisch autorisiert ist die Analogie zwischen dem Leid
Christi und dem Leid der Ärmsten der Armen durch Matthäus 25,40: «Amen, ich sage euch: Was ihr für einen meiner
geringsten Brüder getan habt, das habt ihr mir getan.»

Die Jesuiten verwandelten Mitte des 16. Jahrhunderts die bislang nur im monastischen Bereich etablierte Herzverehrung in
eine von Laien und Bruderschaften getragene, populäre Volks-
andacht und verbreiteten zahllose Andachtstützen wie Herz-
Jesu-Bilder, Herz-Jesu-Gebete, -Rosenkränze, -Lieder und der-
gleichen. Sie sahen sich in zweifacher Hinsicht dazu aufgerufen:
Zum einen erlebte Petrus Canisius am Morgen seiner Or-
densprofeß 1544 am Sakramentsaltar der Peterskirche in Rom
seine berühmte Herz-Jesu-Vision, in der Christus ihm sein Herz
öffnete, um ihn daraus von der *fons vitae* trinken zu lassen und
ihm die Missionsarbeit in Deutschland zu übertragen. Der andere und ganz entscheidende Impuls ging von den großen (vielfach angezweifelten) Herz-Jesu-Visionen Marguerite-Marie
Alacoques (1647–1690) aus, die sie ihren Beichtvätern, den
Jesuiten Claude de la Colombière und Jean Croiset, anvertraut
haben soll: aus ihnen ging nicht nur hervor, daß Christus die
Verbreitung der Herz-Jesu-Verehrung wünsche und ihm dabei
ganz bestimmte Andachtsformen vorschwebten, sondern auch,
daß er die Einführung eines Herz-Jesu-Festes in der Kirche vor-
sehe – eine hagiographische Parallele zu den Visionen der Julia-
ne von Lüttich, die zur Einführung des Fronleichnamsfestes
führten. Die Offenbarungen empfing sie an jedem ersten Freitag
des Monats – daher die Herz-Jesu-Freitage –, nachdem ihr Christus in einer Vision ihr Herz entnommen, in das seinige gelegt
und es ihr wieder zurückgegeben hatte. Christus, so die Nonne,
verlange die Verehrung seines göttlichen Herzens in der Form
eines Menschenherzens, damit sich in dieses bei der Andacht die
göttliche Liebe einpräge. Bei der Andacht handelt es sich, entgegen der mittelalterlichen Tradition, hauptsächlich um eine Süh-
neandacht: Die Leiden Christi, die er aus Liebe zu den Menschen

bis in den Tod erlitt, sollen durch Gegenliebe der Menschen satisfaktorisch aufgewogen werden. In der Religionspraxis hatte dies durch den häufigen Empfang der Eucharistie am Herz-Jesu-Freitag zu geschehen.

Die päpstliche Anerkennung der Andacht mit Herz-Jesu-Messe und eigenem Offizium erfolgte erst 1765, nachdem sie durch die Jesuiten bereits in ganz Europa verbreitet war. Die Einführung eines Herz-Jesu-Festes stieß innerhalb der römischen Kirche aus vielerlei Gründen auf heftigen Widerstand, nicht zuletzt, weil dessen biblische Autorisation schwach war und Unklarheit darüber bestand, was genau der Hauptgegenstand der Herz-Jesu-Verehrung sein sollte und wie sie theologisch zu begründen sei. Erst 1856 wurde die Herz-Jesu-Feier für die gesamte Kirche eingeführt, als Hochfest 1889, als Hochfest mit privilegierter Oktav und öffentlichem Sühnegebet mit Aufforderung zur Sühnekommunion 1928. Die Seligsprechung Alacoques erfolgte 1864, ihre Heiligsprechung 1920. 1899 weihte der Papst die ganze Welt dem Herzen Jesu.

Diese Daten erklären, warum die bis Mitte des 19. Jahrhunderts theologisch umstrittene, von den Jesuiten aber im Rahmen der gegenreformatorischen Volksmission propagierte Herz-Jesu-Verehrung während Mutter Teresas Jugend einen bis dahin unbekannten Aufschwung erlebte. Die darin zu leistende Sühne beschränkte sich seit 1928 – dem Jahr, in dem Mutter Teresa Missionarin wurde – nicht nur darauf, die Leiden und Schmähungen Christi durch Gebete zu lindern, sondern entsühnte auch «für die Zügellosigkeit und Schamlosigkeit in Lebensgewohnheit und Kleidung, Verführung der Unschuld, Gotteslästerung, Verspottung von Papst und Priestern, Entweihung der Eucharistie, Frevel und Widerstand der Völker gegen die Kirche» (Papst Pius XI.). Die Begeisterung der Laien für die Herz-Jesu-Verehrung endete nach dem Zweiten Weltkrieg abrupt, die Andachtshilfen – Herz-Jesu-Bilder etc. – wurden als süßlicher Kitsch abgetan. Papst Pius XII. reagierte und befreite sie in seiner Bulle «Haurietis aquas» (1956) von allen traditionellen Mystizismen, indem er sie mit bis dahin unerreichter Klarheit als «Verehrung des menschlichen und göttlichen Herzens des Erlösers in seiner leiblichen und symbolischen Form, als Ausdruck seiner unendlichen Liebe zur Menschheit» bezeichnete. Die Festoktav wurde trotzdem 1960 abgeschafft, die Sühnegebete und Herz-Jesu-Weihen bildeten keine Vorschrift mehr, und der Sühnegedanke wurde 1970 deutlich zurückgenommen. Dennoch konnten weder Papst Paul VI. noch Papst Johannes Paul II. verhindern, daß die Herz-Jesu-Verehrung bei Seelsorgern und Laien so gut wie vergessen wurde.

Auch die Verehrung des Unbefleckten Herzens Mariens war eine von den Jesuiten im 17. und 18. Jahrhundert popularisierte Andachtsform. Sie bildete das Pendant zur Herz-Jesu-Verehrung, war wie diese theologisch umstritten und wurde wie diese erst gebilligt (1668), als sie bereits überall verbreitet war. Auch sie wurde durch populäre Schriften, Gebete, Bilder und die Einführung entsprechender Bruderschaften gepflegt. An ihrer theologischen Begründung arbeiteten dieselben Jesuiten, die sich zeitgleich für die Herz-Jesu-Verehrung einsetzten. Einer von ihnen, Jean Eudes (1601–1680), wurde 1909 dafür seliggesprochen. Die Andacht korrespondiert mit der spätmittelalterlichen Herz-Jesu-Verehrung und gilt dem leiblichen Herzen Mariens als Symbol ihrer reinen Liebe zu Gott und zu den Menschen und als Symbol ihrer inneren Heiligkeit. Papst Pius IX. genehmigte das Fest 1855 – ein Jahr nach der Einführung des Dogmas von der Unbefleckten Empfängnis Mariä – mit eigenem Offizium und Messe. Seit der Etablierung des Festes stellten sich mehrere Marienerscheinungen ein, darunter auch in Fatima (1917), wo Maria die Weltweihe an ihr Herz verlangt haben soll. Dazu kam es erst 1942. Die Einführung des Festes des Unbefleckten Herzens Mariens als Fest II. Klasse erfolgte 1944. Auch diese Andacht verlor zusammen mit dem Herz-Jesu-Fest schlagartig an Bedeutung und war schon vor dem Zweiten Vatikanum kaum mehr gebräuchlich. Ihre theologische Begründung gilt heute wieder als sehr entlegen.

Die Geschichte der Herz-Verehrung ist geradezu ein Indikator für die Wurzeln von Mutter Teresas Spiritualität jenseits der hagiographischen Enthusiasmen. Mutter Teresa rückte also die im Rahmen der jesuitischen Volksmission entwickelte Herz-Ver-

ehrung ins geistliche Zentrum ihres Ordens und wählte ein Or-
denspatronat, das ihrer jesuitisch geprägten Spiritualität entsprach und zu ihrer Jugendzeit so modern war, daß allein die in
deutscher Sprache zwischen 1870 und 1932 erschienenen Herz-
Jesu-Schriften etwa 1200 Titel umfaßten. Zur Zeit der Ordensgründung 1950 jedoch konnte man nur mehr mit Einschrän-
kungen von einem zeitgemäßen Patronat sprechen, im Zuge der
Vorbereitungen zum Zweiten Vatikanum und danach nicht
mehr. Die Herzverehrung, wie sie im Orden gepflegt wird – Heilige Stunde, Herz-Marien-Samstag etc. –, entspricht den Emp-
fehlungen der Ritenkongregation aus dem 19. Jahrhundert.
Geradezu ins Herz von Mutter Teresas Spiritualität trifft der
Sühnegedanke, der mit der traditionellen jesuitischen Herz-
Jesu-Verehrung verbunden ist, noch von Pius XI. nachdrücklich
betont (1918, 1932), jedoch von seinen Nachfolgern aus dem
Zentrum der Andacht herausgenommen wurde: Mutter Teresa
erblickt im leidenden Christus einen quasi-leiblichen, nicht-
symbolischen Zugang zum liebenden, blutenden Herzen Jesu,
das für jeden Menschen die Pforte zur Erlösung sei. Der leidende
Christus wird für sie von jedem «Ärmsten der Armen» repräsentiert. Den Zugang zu seinem leidenden Herzen könne man sich
durch Liebesdienste an seinen Repräsentanten – Trost, Mitleid, Pflege der Wunden – verschaffen. Die Missionarinnen der
Nächstenliebe lindern demnach also durch Gebete und Werke
der Nächstenliebe den Wundschmerz Christi – sie entsühnen
sich und die Welt – und gelangen auf diese Weise «über die offene Herzwunde» Christi in sein liebendes Herz. Ihre Liebe zu
Christus steigert sich proportional zu dessen Leid und ihren
Linderungsmaßnahmen. Da sie Christus ein Leben lang Liebesdienste erweisen, um sein Leid zu mildern und in das Herz Christi zu gelangen, lehnt der Orden es ab, von Sozialarbeit zu sprechen.

Das Entsühnungsmodell, das die Missionarinnen während
ihres Dienstes an den Ärmsten der Armen immer vor Augen haben und meditieren sollen, entwächst der Herz-Jesu-Verehrung.
Mutter Teresa war also nur konsequent, wenn sie diese ins Zentrum der Kontemplation und des aktiven Dienstes rückte, zumal

die Grenzen zwischen diesen beiden Bereichen innerhalb der Logik der Herzverehrung fließend sind, wird doch der spirituelle Zugang zu Gott über das leibliche Leid Christi, repräsentiert durch einen leidenden Mitmenschen, gewählt. Natürlich drängt sich die Frage auf, warum Mutter Teresa ihren Orden nicht dem Herzen Jesu gewidmet hat, wenn die Missionarinnen täglich dessen Leiden lindern. Mutter Teresa äußerte sich in der Öffentlichkeit nicht zu diesem Thema, doch darf man vermuten, daß die Leitbildfunktion des Unbefleckten Herzens Mariens größer war, denn Maria hat unmittelbar Zugang zum Erlöserherz, weil ihr Herz rein und ihre Seele frei von Sünde ist und sie furchtbare Seelenqualen zu erdulden hatte, während Jesus die Kreuzigungsqualen erlitt. Um die Reinheit ihres Herzens und ihren Zugang zum Erlöserherz müssen die Missionarinnen lebenslang ringen, indem sie mit den Repräsentanten Christi mitleiden oder für sie Leidensopfer bringen. Das Vorbild Mariens motiviert sie dabei, weshalb ihr Lieblingsstoßgebet lauten soll «Unbeflecktes Herz Mariä, Ursache unserer Freude, bitte für uns». Bedenkt man die traditionellen Metaphern «Braut Christi» für «Nonne» und «Seelenbräutigam» für Christus, dann findet man das Liebesverhältnis zwischen den Missionarinnen und Christus, das sich nach dem irdischen Leben als mystische Vereinigung erfüllen soll, durch das Patronat des Unbefleckten Herzens Mariens sehr viel eindeutiger wiedergegeben.

Die Gemeinschaft der kranken und leidenden Mitarbeiter

Noch vor ihrem Umzug ins neue Mutterhaus und kurz nachdem die ersten Schwestern ihr Noviziat angetreten hatten, gründete Mutter Teresa im Januar 1953 die «Gemeinschaft der kranken und leidenden Mitarbeiter» und übertrug deren Leitung ihrer belgischen Freundin Jacqueline de Decker. Diese hatte schon seit 1946 in Madras als (weltliche) Sozialarbeiterin in den Slums gearbeitet, soll einen Sari getragen, unter den Armen gelebt und auf dem Boden geschlafen haben. Ein Jesuit habe ihr 1948 von Mutter Teresas Ordensplänen berichtet, woraufhin sie nach Patna gereist sei, wo Mutter Teresa gerade ihre medizinischen Grundkenntnisse erwarb. Sie erkrankte jedoch, bevor sie Mutter Teresas neuem Orden beitreten konnte, so schwer, daß sie die Heimreise nach Antwerpen antreten muß-te. 1952 hielt sie einen Brief von Mutter Teresa in den Händen, worin diese ihr anbot, trotz ihrer schweren körperlichen Gebrechen ihre Gebete den Missionarinnen der Nächstenliebe zu schenken und auf diese Weise die Schwestern von etwaigen Sünden und Kontemplationsfehlern zu bewahren und die von ihnen umsorgten Heiden – die Repräsentanten des leidenden Herrn – zu entsühnen und so ihre Seelen zu retten:

«Die Arbeit hier ist ungeheuer. Dafür brauche ich, das ist wahr, Leute, die mitarbeiten. Aber genauso dringend brauche ich Seelen wie Sie, die für das Werk beten und leiden – Sie werden mit dem Leibe in Belgien sein, aber mit der Seele in Indien, wo es Seelen gibt, die sich nach unserem Herrn sehnen, aber weil niemand den Lösepreis für sie bezahlt, können sie nicht auf ihn zugehen. Sie werden eine wahre Missionarin der Nächstenliebe sein, wenn Sie die Schuld bezahlen, während die Schwestern, Ihre Schwestern, den Menschen helfen, sich ihm leiblich zu nähern. Ich brauche viele, die leiden und die uns helfen können, denn ich brauche 1. eine Gemeinschaft der Seligen im Himmel, 2. eine Gemeinschaft der Leidenden auf Erden – die geistlichen Kinder – und 3. eine kämpfende Gemeinschaft, die Schwestern an der Front. Sie können leiblich in Ihrem Land sein und gleichzeitig eine Missionarin in Indien und in der Welt. Sie müssen glücklich sein, denn Sie sind die Auserwählte Gottes, der Sie so sehr liebt, daß er Ihnen einen Teil seines Leidens überläßt. Seien Sie tapfer und fröhlich und geben Sie viel, damit wir Gott viele Seelen zuführen können. Wenn Sie einmal mit Seelen in Berührung kommen, wächst der Durst täglich.» (Spink, S. 170)

Jacqueline de Decker nahm den Auftrag an und warb erfolgreich unter Leidensgenossen Mitglieder für Mutter Teresas Gebetsgemeinschaft. Ziel war, daß jede Missionarin der Nächstenliebe ein «zweites Selbst» habe, das mit ihr «betet, leidet, denkt und sich mit [ihr] vereint.» (Spink, 171) Durch körperliches Leid und Gebet veranlassen die kranken und leidenden Mitarbeiter also Christus, bei den Schwestern oder auch anderswo – bei den Armen – angehäufte Sünden zu tilgen. Je krän-

ker und leidender die Mitglieder sind, desto effizienter wirkt
deren Gebet, so Mutter Teresa: «... aber mir liegt besonders an
den Gelähmten, Verkrüppelten, unheilbar Kranken, denn ich
weiß, daß sie viele Seelen zu den Füßen Jesu bringen werden.»
(Spink, 171) Auch die betende und leidende Gruppe leistet
nach Mutter Teresas Auffassung Missionsarbeit, denn auch sie
trägt das Christentum in die Welt und entsühnt sie dadurch.
Die Kranken und Betenden heiligen die Schwestern, die Armen
und auch sich selbst, denn selbstverständlich kommen den
kranken Mitarbeitern auch die Gebete und Leiden der aktiven
Schwestern zugute.

An die Entsühnungssymbiose von Christus, Schwestern und
kranken Mitarbeitern soll auch die Inschrift «Mich dürstet!»
am Kruzifix in den Kapellen erinnern. Mutter Teresa verwen-
dete dafür das Bild des Kelches, in dem das aus der Herzwunde
Jesu strömende Wasser und Blut aufgefangen wurde und der
das Sakrament der Eucharistie präfiguriert: «Wir, die Missionarinnen der Nächstenliebe, wie dankbar müssen wir sein – Ihr
für das Leiden, wir für die Arbeit. Wir vollenden in einander,
was in Christus fehlt. Welch wunderbare Berufung ist uns zuteil
geworden: als Boten der Liebe Christi gehen wir in die Slums –
Euer Leben des Opfers ist der Kelch oder vielmehr, unsere Gelübde sind der Kelch, und Euer Leiden und unser Werk sind der
Wein – die makellose Hostie. Wir stehen zusammen und halten
denselben Kelch und stillen in Gemeinschaft mit den betenden
Engeln seinen brennenden Durst nach Seelen.» (Spink, 173)
Wie Christus sein Herzblut in den Leidenskelch rinnen ließ, so
lassen die Schwestern und die kranken Mitarbeiter ihre Werke
und Gebete in den Opferkelch fließen, und wie in jeder Messe
das Blut Christi den Menschen zur Entsühnung dargebracht
wird, so bringen die Schwestern und die kranken Mitarbeiter
ihren Opferwein (ihre Gebete und Taten) dem leidenden, nach
Seelen dürstenden Christus dar, um ihm für sein Leid Genugtu-
ung zu verschaffen – so die Vorstellung Mutter Teresas.

Noch im Januar 1953 bekam die «Internationale Gemeinschaft der kranken und leidenden Mitarbeiter der Missionarinnen der Nächstenliebe» ihre Statuten. Jeder der 48 Schwestern,

die der Orden bereits 1955 zählte, war von Jacqueline de Decker ein leidendes und betendes Alter ego vermittelt worden, dem sie auch schreiben durfte. Sie selbst betete und litt für Mutter Teresa und gab 1996 – ein Jahr vor Mutter Teresas Tod – nach (angeblich) vierzig Operationen die Leitung der (angeblich) inzwischen über 3000 kranken und leidenden Mitarbeiter an Schwester Anand ab.

1974 entschloß sich Mutter Teresa, die Betreuung der Missionarinnen durch Gebete zu verbessern, und warb für jede ihrer Niederlassungen um Gebetshilfe und Werkewidmung in «normalen» Klostergemeinschaften. Binnen eines Jahres sollen sich mit Hilfe von Pater Georges Gorrée, dem Vorsitzenden des französischen Mitarbeiter-Verbands für Laien, 400 «Patenklöster» gefunden haben.

3. Von Kalkutta nach Oslo

Kalkutta und Indien

Die schnelle Verbreitung von Mutter Teresas Orden in der Anfangsphase hing hauptsächlich mit zwei Faktoren zusammen: der verheerenden wirtschaftlichen und sozialen Situation in Indien im Betrachtungszeitraum von 1950 bis 1990 sowie mit Mutter Teresas früher Medienpräsenz dank ihrer guten Beziehungen zur Regierung und zum Erzbischof. Die Ursachen für das Elend in Indien und die Gegenmaßnahmen der Regierung entlang ihrer Fünfjahrespläne darzulegen, würde zu weit führen. In Zusammenhang mit Mutter Teresa ist jedoch darauf hinzuweisen, daß ihre Hagiographen die Hilfsmaßnahmen der indischen Regierung ebenso verschwiegen haben wie die Entwicklungshilfegelder westlicher Nationen, die Spenden und Hilfsmaßnahmen internationaler Entwicklungshilfeorganisationen und christlich-karitativer Institutionen oder die Leistungen von westlichen Sozialarbeitern und von zahlreichen, auch protestantischen, Missionsorden. Auf diese Weise wurde der westlichen Öffentlichkeit suggeriert, erst Mutter Teresa hätte ein Herz für das Elend in Indien gehabt und die Welt wachgerüttelt. Dabei hatte, nur um ein Beispiel zu nennen, die bundesdeutsche Regierung im Zuge der Entwicklungshilfe – selbstverständlich unabhängig von Mutter Teresa – für fast eine halbe Milliarde D-Mark in Rourkela ein Stahlwerk errichtet, in dem 37 000 Menschen Arbeit fanden. Tatsächlich waren um 1980 über 200 nationale und internationale Hilfsorganisationen allein in Kalkutta im Einsatz, darunter auch die größte Hilfsorganisation Indiens, die «Ramakrishna-Mission». Mutter Teresas Dependancen waren verhältnismäßig klein und (absichtlich) unverhältnismäßig schlecht ausgerüstet, dafür aber weltweit am bekanntesten und deshalb auch reichlich mit Geldmitteln ausgestattet. Trotz der beschränkten Wirksamkeit der Gruppen um Mutter Teresa arbeitete die Regierung Indiens von Anfang an mit ihr zusammen. Später bescherte deren weltweite Medienpräsenz dem armen Land wohltuende Spendenströme.

Die frühen Bilder, die von Mutter Teresa und ihren Missionarinnen um die Welt gingen und ihnen grenzenlose Achtung und Symphatie eintrugen, zeigen das Elend der Ärmsten Kalkuttas, wo Mutter Teresa die Arbeit mit ihrem Missionsorden begann. In der Region Großkalkutta hatten sich nach der Teilung Indiens tausende von Flüchtlingen aus Pakistan und Bangladesh niedergelassen, ohne ein Dach über dem Kopf oder eine Arbeit zu haben. Sie lebten auf den Straßen, Kanalufern oder Bahndämmen und hießen «pavement dwellers». 1974 schätze man sie auf 30 000–40 000 Menschen. In den ca. 3000 Slums Kalkuttas lebten 2,3 Millionen registrierte Bürger in Holz- und Blechhütten oder Stoff- und Papierzelten. Durchschnittlich stand 4,1 Personen ein Raum von 3,5 Quadratmetern zur Verfügung, auf einem Quadratkilometer lebten 1971 in einigen Slumvierteln ca. 400 000 Menschen, in der Stadt Kalkutta ingesamt waren es durchschnittlich ca. 30 000. Von den Erwachsenen waren 90–95 Prozent Analphabeten. Die Bevölkerungszahl stieg von 1961 bis 1971 um fast 60 Prozent und bis 1980 nochmals um 30 Prozent. Die Regierung richtete 1961 eine Organisation ein, die ein Slumsanierungsprogramm aufstellte und in einer staatlichen Entwicklungsbehörde aufging. Diese arbeitete auch mit nicht-staatlichen und mit christlichen Wohlfahrtsorganisationen (auch international) zusammen.

Die Stadt Kalkutta überließ Mutter Teresa auf ihre Bitte hin bereits am 15. August 1954 ein leerstehendes Pilgerheim am Kali-Tempel in Kalighat, damit sie dort ein Sterbeheim für Arme einrichten konnte. Zur Begleichung der Betriebskosten zahlte ihr die Stadt jährlich 150 000 Rupien. Die Ausstattung wählte Mutter Teresa so primitiv, daß das Heim bereits eine Woche später, am Fest des «Unbefleckten Herzens Mariä», unter dem Namen «Nirmal Hriday» («Unbeflecktes Herz») den Betrieb aufnehmen konnte. Männer und Frauen lagen getrennt in zwei großen Schlafräumen auf niedrigen Metall-Pritschen. Jeder Patient erhielt eine Plastikunterlage – kein Laken und keine Decke –, ein Kissen und ein Sterbehemd. Sterben durfte hier nur, wer ohne Angehörige und somit ohne Hilfe war und in keinem Krankenhaus Aufnahme fand. Etwa die Hälfte der Patienten starb wegen der unzureichenden medizinischen Versorgung. Es handelt sich bis heute um Mutter Teresas berühmteste Einrichtung, die zu besuchen für viele prominente Persönlichkeiten auf dem Pflichtprogramm stand und die viele freiwillige, unentgeltlich tätige Helfer aus aller Welt anzog. Die frühen Presseaufnahmen von fröhlichen Schwestern, die versuchen, lächelnden Sterbenden mit einfachsten Mitteln einen menschenwürdigen Tod zu ermöglichen, wurden weltbekannt und können noch heute in Mutter Teresas Bild-Biographien studiert werden. Vorwürfe, die Schwestern hätten Nottaufen an den sterbenden Patienten – üblicherweise Nicht-Christen – durchgeführt, wies Mutter Teresa, die auf ein harmonisches Verhältnis zur Regierung angewiesen war, empört zurück. Man achte die verschiedenen Religionen und ihre jeweiligen Sterbe- und Bestattungsrituale. Die Schwestern betreiben nach eigenen Angaben weltweit ungefähr 150 Sterbehäuser des Typs von Nirmal Hriday.

Auch Mutter Teresas nächstes Projekt wurde ihr durch die Regierung ermöglicht, genauer durch ihren Kontakt zu B. C. Roy, Arzt und Regierungsvorstand von West-Bengalen. Es handelte sich um ein Kinderhaus – «Shishu Bhavan» –, das am 23. September 1955 eröffnet wurde. Es war das erste von (angeblich) etwa hundert weiteren weltweit. Zu ihm gehörten eine Schule, ein Internatstrakt und eine Pflegestation für kranke oder behinderte Kinder und Säuglinge. 1975 sollen etwa 5000 Kinder in 61 Heimen gelebt haben. Anfangs erfolgte die Finanzierung über individuelle Spender-Patenschaften, die (hauptsächlich von der katholischen Kirche) international vermittelt wurden, nach 1975 durch einen «World Child Welfare Fund», der die Spenden weltweit gleichmäßig auf die Häuser verteilte. Da Mutter Teresa lebenslang gegen die Abtreibung kämpfte, richete sie später in den Heimen auch Gebärzimmer für Frauen ein, die ihren Säugling bei den Missionarinnen zurücklassen wollten. Über Organisationen wie «pro infante» beteiligte sich der Orden später auch an der internationalen Vermittlung von Adoptionen.

Ein weiterer Schwerpunkt der Ordensarbeit in Indien war die Bekämpfung von Lepra, die medizinisch zwar kein Problem darstellt, weil sie medikamentös leicht zu behandeln ist, die aber in vielen Teilen Indiens als ansteckend und unheilbar galt und den Ausschluß des Betroffenen aus seiner Familie und seinem sozialen Umfeld – seiner Arbeitsstelle sowieso – zur Folge hatte. Die Regierung war natürlich selbst mit dem Problem befaßt und initiierte u. a. einen Leprafonds und einen Lepratag. Auf die Bitte Mutter Teresas hin bot sie ihr sogar an, ein Grundstück für eine Lepraklinik zur Verfügung zu stellen. Bis es so weit war, richtete Mutter Teresa im September 1957 eine so bezeichnete «mobile Lepraklinik» ein: ein Ambulanzfahrzeug – eine Gabe aus den USA – und 10 000 Rupien von einer Elektrofirma reichten ihr dafür. Périer weihte das Fahrzeug. Ein (hinduistischer) Lepra-Spezialist vom Carmichael Hospital für Tropenkrankheiten, Dr. Sen, wies die Schwestern in die Behandlungsmethoden ein, und so konnten bereits im Januar 1958 rund 600 Patienten regelmäßig medizinisch behandelt werden. Die Presse berichtete davon auch im Ausland, und so vermehrte sich die Zahl der mobilen Leprakliniken durch Spenden. Bereits im März 1959 konnte Périer Mutter Teresas erste «feste» Lepraklinik (Gandhiji Prem Nivas Leprosy Centre) weihen, ein Zentrum in Titagarh, bei dessen Eröffnung, so ein Reporter, die «gesellschaftliche Elite» Indiens und 240 Leprakranke anwesend waren. Die Finanzierung übernahm der Volkart Foundation Trust, das Gelände stellte der Stadtrat zur Verfügung.

Mutter Teresas Orden war schon 1959, als er die Erlaubnis bekam, sich außerhalb Kalkuttas anzusiedeln, überall in Indien willkommen, sowohl bei den zuständigen Regierungen als auch bei den zuständigen Diözesen. Ihre guten Kontakte zu internationalen Wohlfahrtsorganisationen erwiesen sich überall als segenbringend und machten ihren Orden zu einer gefragten Institution. Mutter Teresa schickte ihre Schwestern zuerst nach Ranchi, New Delhi, Jhansi und Bombay. Jeder ihrer Einrichtungen wurde größte öffentliche Aufmerksamkeit zuteil. So waren beispielsweise bei der Eröffnung eines Kinderheims in New Delhi der Schweizer Botschafter Cuttat, der indische Gesundheitsminister Krishna Menon und der indische Ministerpräsident Jawaharlal Nehru zugegen.

1964, also noch bevor Mutter Teresas Orden eine Gesellschaft päpstlichen Rechts wurde und sich international ausbreiten durfte, schenkte ihr die indische Regierung 34 Morgen Land zur Errichtung einer Leprosenstadt. Die Gelder dafür kamen aus internationalen Spendeneinrichtungen, darunter auch deutsche Sternsinger. Mutter Teresa war zu diesem Zeitpunkt weltweit bereits so prominent, daß ihr Papst Paul VI. die weiße Luxuslimousine seines Indienbesuchs schenkte, die sie öffentlich versteigerte und auf diese pressewirksame Weise dem Projekt zugute kommen ließ. Binnen kurzer Zeit wurden über 30 Gebäude errichtet, darunter ein Krankenhaus. Das Päpstliche Werk der Glaubensverbreitung in Deutschland («Missio») finanzierte den Bau eines Klosters und einer Kapelle. Eine Papst-Paul-VI.-Allee, Ställe, eine Geflügelfarm, eine Ziegelei, Wohn- und Arbeitshütten wurden gebaut, Nutzgärten und Fischteiche angelegt, damit sich die Kranken, so die Idee, mit leichten Arbeiten wie Zimmern, Weben oder Flechten selbst versorgen konnten. Ärzte und Schwestern, die dem Orden nicht angehör-

ten, arbeiteten dort aus Idealismus meist unentgeltlich. Die An-
lage wurde «Shanti Nagar» genannt, «Stadt des Friedens».

Weder hier noch in den Sterbe-, Kranken- oder Kinderhäu-
sern lief die Arbeit professionell ab, was von den Hagiographen
Mutter Teresas stets wohlwollend rezipiert wurde, weil darin ihr geradezu naives Urvertrauen auf Gott zum Ausdruck
käme. Gott werde immer auf an Wunder grenzende Weise für
sein Werk Sorge tragen, weil sein schmerzendes Herz sich nach
Linderung durch Liebe sehne, so beispielsweise Spink: «Ob ärzt-
liches Wissen und Können, die notwendige Medizin und Aus-
rüstung zur Verfügung standen, war völlig von göttlicher Vorsehung abhängig, ebenso wie das Leben der Schwestern selbst.
Wenn immer mehr Insassen des Sterbehauses gesund wurden,
dann nicht etwa, weil «Nirmal Hriday» eine bessere medizinische Hilfe bieten konnte als die Krankenhäuser. Die ausgebildeten Ärzte und Krankenschwestern, die dort auf freiwilliger Basis
arbeiteten, waren entsetzt darüber, daß die grundlegendsten
Hygieneregeln, die die Schwestern vor Infektionen und die «Patienten» vor gegenseitiger Ansteckung bewahren sollten, nicht
eingehalten wurden. Die Missionarinnen durften keine Hand-
schuhe tragen, wenn sie die madenzerfressenen Körper der Sterbenden berührten, und mußten die Leprakranken auch nicht
auf eine Armeslänge Abstand halten, denn sie sorgten ja für den
Körper Christi. [Es war] also nicht so wichtig, wie tüchtig oder
wirksam jemand handelte, sondern wieviel Liebe er hineinlegte.
[...] Die Missionarinnen der Nächstenliebe waren keine Sozialarbeiter. Die bloße Andeutung, daß dem so sei, reichte aus um
[Mutter Teresa] Kummer zu bereiten, denn ihre Aufgabe war es,
«kontemplative Menschen in der Welt» zu sein.» (S. 92 f.)

Von der Dritten in die Zweite und Erste Welt

Seit 1960, also schon zehn Jahre nach der Ordensgründung,
war Mutter Teresa regelmäßig auf Weltreisen. In diesem Jahr
flog sie erstmals in die USA und nach Europa, um vor Ort für
die große Unterstützung zu danken, die sie vom Vatikan und
von katholischen Hilfswerken, darunter dem Deutschen Ca-
ritsverband und dem Oxforder Hungerhilfskomitee, erhalten

hatte; außerdem war sie eingeladen, im Auftrag des Aus-
landhilfskomitees des «National Council of Catholic Women»
(NCCW) in Las Vegas einen Vortrag zu halten. Diese Organisation repräsentierte etwa 10 Millionen Frauen in 120 Diözesen der Vereinigten Staaten. Wie es zu solchen Kontakten ge-
kommen war, wer ihr half und warum, ist weder bei den Hagiographen noch in der Presse nachzulesen, doch ließe sich an
beliebig vielen Beispielen zeigen, daß Mutter Teresa binnen
kürzester Zeit das Vertrauen angesehenster indischer und internationaler Institutionen und deren Vertreter genoß. Bereits
1962 wurde ihr die zweithöchste Auszeichnung Indiens, der
Lotus-Orden («Padma Shri»), von ihrem Bekannten Jawaharlal Nehru verliehen. Im selben Jahr empfing sie außerdem aus
den Händen des philippinischen Staatspräsidenten den «Mag-
saysay-Preis für internationale Verständigung» (20 000 US-
Dollar) – 83 Prozent der Bevölkerung der Philippinen waren
damals katholisch – und den Preis des «Guten Samariters» in
Boston.

Nachdem ihr Orden den Status einer Gemeinschaft päpstlichen Rechts erhalten hatte, missionierte Mutter Teresa die
Welt. Ihre erste ausländische Niederlassung gründete sie 1965
in Venezuela auf Einladung des Erzbischofs Críspulo Benitez
von Barquisimento. Diesem war Mutter Teresa von James Robert Knox, damals noch Internuntius (päpstlicher Botschafter)
in Indien, später Erzbischof von Melbourne, empfohlen worden. Finanziert wurde die Einrichtung in Cocorote von Gou-
verneur Bartolomé Romero Aguero. Mutter Teresa entsandte
einige Schwestern, deren Missionsdienste an notleidenden Katholiken so unterschiedliche Bereiche wie Näh- und Englischkurse, pastorale Vorbereitung auf die Erstkommunion oder
Krankenpflege umfaßten. Die nächsten Dependancen wurden
in Colombo (Sri Lanka) und Tabora (Tanzania) eingerichtet.
In Rom befindet sich der Orden seit 1968 auf Einladung Papst
Pauls VI., der Mutter Teresa ein Flugticket geschickt und
10 000 US-Dollar geschenkt hatte, damit sie einige Missionarinnen nach Rom entsenden möge. Mutter Teresa war stolz
darauf, daß ihr Orden nun zu den ca. 1200 in Rom angesiedel-

ten Frauenorden gehörte, und baute im Laufe der Jahre ihr römisches Haus zum westlichen Zentrum ihrer Ordensverwaltung aus. Es folgten Niederlassungen in Boruke (Neusüdwales/ Australien, 1969), Melbourne (1970), Jordanien (1970), London (1970), New York (South Bronx, 1971) und Belfast (1971), wo den Ordensmitgliedern allerdings 1973 nahegelegt wurde, die Stadt wieder zu verlassen. Diese Schwestern schickte Mutter Teresa nach Äthiopien weiter, wo sie Kaiser Haile Selassie dulden wollte. Ihr dortiges Gebäude stellte ihnen ein Firmendirektor zur Verfügung, für ihre Versorgung sollten die Schwestern selbst aufkommen. Mutter Teresa gewährte prinzipiell keiner ihrer Niederlassungen einen Zuschuß und sollte diesen Grundsatz nur für Häuser in kommunistischen Ländern aufgeben. Sie war nur dann bereit, ein neues Haus zu beziehen, wenn die Finanzierung nicht die Ordenskasse belastete und die Schwestern auf Einladung, etwa des zuständigen Bischofs oder der Regierung, leben konnten.

Zu Mutter Teresas Orden gehörten nach eigenen Angaben 1967 etwa 250 Schwestern und 20 Niederlassungen in Indien. 1975 sollen dem Orden bereits 1135 Schwestern in 90 Häusern gedient haben. 1979 – dem Jahr der Verleihung des Friedensnobelpreises an Mutter Teresa – sollen weltweit 1187 Schwestern, 411 Novizinnen, 120 Postulantinnen in 158 Niederlassungen gelebt haben. Ihr Missionierungsprogramm umfaßte hauptsächlich medizinische und soziale Dienstleistungen auf einfachstem Niveau und sah Hilfsmaßnahmen wie Nachtasyle, Armenspeisungen, Krankenpflege und Kinderversorgung vor. Mutter Teresa gründete immer mehr Niederlassungen in der gesamten westlichen Welt und mußte deshalb ihren ursprünglich auf die materielle Not in der Dritten Welt bezogenen Begriff von den «Ärmsten der Armen» erweitern. In der westlichen Welt gehörten zu ihnen Menschen, die in «Armut des Geistes» (Matthäus 5,3) lebten, sozial isoliert waren, am Rande der Gesellschaft standen, sich in tiefer Verzweiflung befanden oder zu Drogen griffen. Die Repräsentanten des Gekreuzigten litten im Westen weniger körperlich als seelisch, so Mutter Teresa. Sie dürsteten nach Liebe, und diese Liebe hätten ihnen die

Missionarinnen zu schenken. Deren Liebesdienste blieben jedoch auch im Westen ungefähr gleich: Armenspeisungen, Nachtquartiere, Kranken- und Kinderversorgung, religiöse Unterweisung, sofern die in der Regel schlechte Fremdsprachenkenntnis der Missionarinnen und der von ihnen betreuten Armen diese zuließ.

Mit einer neuen, besonders in der amerikanischen Öffentlichkeit gefeierten Art von Sterbeheim reagierte Mutter Teresa auf die Ängste, die in der westlichen Bevölkerung im Zuge der Aufklärungskampagnen gegen die damals noch kaum erforschte Immunschwächekrankheit AIDS ausgelöst wurden, indem sie sich der physischen und psychischen Nöte der Erkrankten annahm und von den Schwestern entsprechende Werke der Nächstenliebe verrichten ließ: 1985, dem Jahr, in dem ihr Ronald Reagan die Freiheitsmedaille der USA und damit die höchste staatliche Auszeichnung verlieh, richtete sie das erste AIDS-Haus der USA in Greenwich Village ein, in der Presse als «Wunder von Manhattan» gepriesen. Ein Arzt vom Washington University Hospital hatte Mutter Teresa auf das Leid der AIDS-Kranken aufmerksam gemacht. Da sich die Ausstattung des Hauses nicht nennenswert von der ihrer Sterbehäuser unterschied und in diesem Fall auch dem nämlichen Zweck diente, konnte es binnen kürzester Zeit – am Weihnachtstag – unter dem Namen «Gift of Love» seine Arbeit aufnehmen. Ihre ersten drei todgeweihten Patienten hatte sich Mutter Teresa bei einem Gefängnisbesuch in Sing Sing erbeten. Es sollten nur AIDS-Kranke Aufnahme finden, die mittellos und vereinsamt waren, den Tod vor Augen hatten, in keiner Klinik mehr bleiben durften und somit zu den Ärmsten der Armen zählten. Das Heim bot für vierzehn Kranke, die nur notdürftig medizinisch versorgt werden konnten, und fünf Schwestern Platz. Die Patienten wurden von den Missionarinnen durch Katechesen und religiöse Verrichtungen auf ihren Tod vorbereitet, doch soll niemand zur Teilnahme gezwungen worden sein. Auf Ronald Reagans Bitte hin wurde das zweite AIDS-Haus 1986 in Washington eröffnet. Das fünf Hektar große Grundstück und das Gebäude wurden vom dortigen Erzbischof zur Verfügung gestellt. Die Einrichtung wurde «Gift of Peace» genannt und verstand sich ausdrücklich nicht als Sterbehaus für AIDS-Kranke – was es aber faktisch war –, sondern als Ordenshaus, das sich ausschließlich todkranker Obdachloser annahm. In rascher Folge wurden weitere «Gifts of Peace» in San Francisco (Juni 1988), Denver/Colorado (Dezember 1989) und Addis Abeba/Äthiopien (März 1989) errichtet. Das klösterliche Ambiente entsprach nicht immer den Vorstellungen der Sterbenden.

Für Mutter Teresas Hagiographen sind gerade die ersten fünfzehn bis zwanzig Jahre des Ordens als eine idealisierte Zeit der Improvisation, Begeisterung und Selbstaufopferung von außerordentlicher Bedeutung. Die Arbeit in Indien, namentlich in Kalkutta, steht dabei im Zentrum des Interesses. Von Mutter Teresas Verhandlungen über die Gründung ausländischer Niederlassungen, von der Geschichte dieser Gemeinschaften oder von deren Alltag und den Problemen vor Ort, sogar von etwaigen Missionierungserfolgen ist in der Regel nichts zu lesen. Die vielen Beispielsberichte aus diesen Jahren, die von jedem neuen Vitenschreiber sorgfältig wiederholt werden, täuschen darüber hinweg, daß es sich nicht um authentische Selbstaussagen handelt, weil sie zu viele hagiographische Topoi bedienen und nicht verifiziert werden können. Sie charakterisieren den «Geist Mutter Teresas vor Ort» in Kalkutta und sollen pars pro toto stehen. Nicht einmal so wichtige Daten wie die Gründung des ersten Kinderheims oder des ersten Sterbehauses stimmen überein, obwohl die Biographen in der Regel behaupten, von Mutter Teresa autorisiert worden zu sein oder sich über Jahre hinweg in ihrem Umfeld bewegt und mit ihr zusammengearbeitet zu haben. Als regelrecht entstellend wirkt sich die Tatsache aus, daß sie durch die besondere Gewichtung der zur Legende gewordenen Anfangsjahre die nächsten vier Jahrzehnte im Leben einer Frau, die unentwegt durch die Welt flog, im Medieninteresse stand, im Namen der katholischen Kirche sprach und mit den bedeutendsten Würdenträgern der Zeitgeschichte verkehrte, nur kursorisch streifen. Welche Kontakte und politischen Überlegungen hinter den zahllosen Preisverleihungen und Ehrendoktorwürden stehen, anhand derer sich Mutter Teresas Reiserouten teilweise rekonstruieren lassen, ist nirgends zu lesen. Danach zu fragen wäre auch innerhalb der Logik dieser Darstellungen geradezu ein Sakrileg, weil Mutter Teresa als eine zeitlose Ikone der Nächstenliebe behandelt wird, die genau die Idee lebt, die sie repräsentiert, und dafür von weltlichen und geistlichen Würdenträgern geehrt und von Menschen auf der ganzen Welt geachtet wird.

Eine Nonne als Medienstar

Wären Mutter Teresa nicht von Anfang an der Erzbischof und die Regierung zur Seite gestanden, die für ihre wachsende Bekanntheit sorgten, wäre ihr neu gegründeter Orden genauso unbeachtet geblieben wie die zahlreichen anderen, viel älteren Orden, deren medizinische und soziale Leistungen an den Ärmsten der Armen nicht von der göttlichen Vorsehung abhingen, obwohl sie um ein Vielfaches weniger Geld zur Verfügung hatten. In Indien berichteten drei katholische Wochenzeitungen – «Herald», «New Leader» und «Examiner» – von Anfang an über den Orden, doch war deren Reichweite natürlich bescheiden. Das Ansehen der Mutter Teresa wuchs in den «normalen» indischen Zeitungen proportional zu der Aufmerksamkeit, die ihr Werk bei prominenten Persönlichkeiten gewann. Ihre Freundschaft zu Desmond Doig, einem Redakteur des «Statesman», einer der führenden indischen Tageszeitungen, verschaffte ihr eine lange Reihe wohlwollender und auffällig plazierter Berichte. Doig veröffentlichte 1976 für sie sogar eine betont emotionale, in zahlreiche Sprachen übersetzte Bildbiographie mit Aufnahmen des Fotografen Raghu Rai, die Mutter Teresa und ihre Schwestern bei der Arbeit für die Ärmsten der Armen zeigen. Auch im Westen wurde über sie schon seit 1951 berichtet, etwa in der Zeitschrift «Die katholischen Missionen», dem Presseorgan des «Päpstlichen Werkes der Glaubensverbreitung», was immerhin für Mutter Teresas Bekanntheit innerhalb kirchlicher Institutionen sorgte und ihr ausländische Geldquellen erschloß. Im Widerspruch dazu enthalten alle Viten Geschichten, nach denen Mutter Teresa häufig nicht einmal mehr das Notwendigste für die Versorgung der Armen und der

Schwestern zur Verfügung gestanden habe, dann aber nach einem Gebet das Geschenk des Himmels eingetroffen sei – eine Sendung von Geld oder Naturalien von einem nicht genannten Gönner. Sogar beim Grundstückserwerb hätte sie sich auf die Vorsehung verlassen können, denn häufig habe sie in ihrer Armut eine Münze oder ein Medaillon auf ein Areal geworfen, das sie für den Orden brauchte, und wenige Tage später habe sich die Kaufoption und die Finanzierung durch einen «glücklichen Zufall» ergeben. Derartige hagiographische Kunstgriffe schützen die Kontaktpersonen Mutter Teresas, ihr organisatorisches Netzwerk und ihre Privatsphäre, während sie ihre Tätigkeit als Gotteswerk erscheinen lassen.

Innerhalb der Kirche trug der indische Erzbischof von Bangalore, Duraisamy Simon Lourdusamy (seit 1985 Kardinal), wesentlich zur weltweiten Bekanntheit Mutter Teresas bei. Nachdem er 1971 nach Rom berufen und 1973 zum Sekretär der Propaganda-Kongregation ernannt worden war, nahm sich die «Fideskorrespondenz», die wöchentlich Missionsnachrichten an die Weltpresse weitergibt, Mutter Teresas an. Sie wurde hier 1973 als «gleichsam internationales Symbol» der christlichen Nächstenliebe gewürdigt. Für ihre wachsende internationale Reputation jedoch waren Fernseh- und Presseberichte über Besuche renommierter Persönlichkeiten, etwa Papst Pauls VI. oder Edward Kennedys (1971), und über die Verleihung höchst angesehener Preise und Auszeichnungen an sie von ungleich größerer Bedeutung. Eine vollständige Liste solcher Ehrungen würde viele Seiten füllen, deshalb seien im folgenden nur die wichtigsten bis zur Nobelpreisverleihung 1979 genannt.

Zu den frühesten Auszeichnungen, die im Westen für große öffentliche Beachtung sorgten, gehörte der mit 25 000 US-Dollar dotierte «Friedenspreis Papst Johannes XXIII.», den ihr Papst Paul VI. 1971 vor laufenden Kameras überreichte. Der Preis nimmt auf die Enzyklika «Pacem in terris» (22.4.1963) bezug, die eine Weichenstellung für die Ost-Politik künftiger Päpste bedeutete, weil in ihr die Entwicklung von Kontakten zu sozialistischen Ländern zur Grundlage eines friedlichen Zusammenlebens der Völker erklärt wird. Noch im selben Jahr verlieh die Joseph-P.-Kennedy-Jr.-Foundation Mutter Teresa ihren Preis (25 000 US-Dollar) in Washington. Deren Stiftungszweck, Hilfe für geborene und ungeborene geistig Behinderte und ihre Familien anzubieten, korrespondierte mit Mutter Teresas Hilfswerk und ihrem Engagement gegen Abtreibung. Es folgte der Jawaharlal-Nehru-Preis für Internationale Verständigung (1972), mit dem die indische Regierung für Mutter Teresas Beitrag zur internationalen Entwicklungshilfe für Indien dankte. 1973 überreichte Prinz Philip, Herzog von Edinburgh und Gemahl Queen Elisabeths II., Mutter Teresa den neu gestifteten Preis der Templeton-Foundation für religiöse Weiterentwicklung (85 000 US-Dollar), weil sie durch ihre Arbeit das Augenmerk der Weltöffentlichkeit auf die heimatlosen, verwahrlosten Kinder in Kalkutta gelenkt und Hilfsmaßnahmen in Gang gesetzt habe. In diesem Jahr wurden ihr außerdem noch der «Santa Luisa de Marillac»-Preis in Los Angeles und die Goldmedaille der Stadt Mailand verliehen; von der indischen Regierung bekam sie ein weltweites Freiflugticket. Im Jahr darauf erhielt sie vom Premierminister den Ehrendolch der Republik Jemen und den «Mater-et-Magistra-Preis» des «Dritten Ordens des heiligen Franziskus von Assisi» (USA). Die Bezeichnung des Preises war eine Reminiszenz an eine gleichnamige Enzyklika (15.5.1961) von Papst Johannes XXIII., die für ausgleichende soziale Gerechtigkeit zwischen Ländern mit unterschiedlicher Wirtschaftskraft eintrat.

1975 wurde Mutter Teresa als Göttin des Ackerbaus auf der Ceres-Medaille der Ernährungs- und Landwirtschaftskonferenz der Vereinten Nationen in Rom verewigt, die damit ihren Einsatz im Kampf gegen den Hunger in der Dritten Welt würdigte. Auch in diesem Jahr empfing sie hohe Auszeichnungen in den USA, so die Ehrennadel des Senders «Voice of America» für ihre Arbeit in Indien, den Albert-Schweitzer-Preis der Universität von North Carolina (Wilmington), eine Ehrung mit Preisgeld am «Nationalen Schrein der Unbefleckten Empfängnis» in Washington durch Patrick Aloysius O'Boyle, den ehemaligen Erzbischof von Washington DC, und einen Ehrendoktortitel im juristischen Fachbereich an der jesuitischen St. Francis Xavier University in Antigonish (Kanada). Außerdem sprach sie in New York auf einer Spiritual Summit Conference als Vertreterin der Christenheit vor Repräsentanten der anderen Weltreligionen und in Mexico City als Vertreterin Pauls VI. auf einer Konferenz des Internationalen Frauenjahres der Vereinten Nationen zum Thema «Frau in Gesellschaft und Familie» aus katholischer Sicht. Die nächste Ehrendoktorwürde verlieh ihr Indira Gandhi in ihrer Funktion als Kanzlerin der Vishva Bharati University. Es handelte sich dabei um die Deshikottama («Doktor-der-Literatur-Schärpe», 1976), eine der höchsten Auszeichnungen für Mutter Teresas Verdienste an dem notleidenden Teil der Menschheit. Im selben Jahr verlieh ihr das College Iona New Rochelle (USA) die Ehrendoktorwürde. Auf dem Eucharistischen Weltkongreß in Philadelphia (1976) unter dem Motto «Jesus, das Brot des Lebens für eine hungernde Welt» durfte sie vor mehr als einer Million Fernsehzuschauern und 200 Theologen am Hiroshima-Jahrestag zur Frage der Abtreibung sprechen.

Ein Jahr später verlieh ihr die Theologische Fakultät der Universität Cambridge den nächsten Ehrendoktortitel. Überdies wurde Mutter Teresa 1977 mit der Verleihung des Cavalieri dell'Umanità Preises der «Unione Cavaleria Cristiana Internazionale» zur «Ritterin der Menschheit» ernannt, Schulter an Schulter mit dem Astronauten Neil Armstrong. Das Jahr 1978 brachte ihr eine weitere Ehrendoktorwürde, diesmal von der Temple University in Philadelphia, und den mit 500 000 Schweizer Franken dotierten Balzan-Preis, überreicht vom italienischen Staatspräsidenten Sandro Pertini und verliehen von der International Balzan Foundation. Diese Institution vergibt in unregelmäßigen Abständen einen Sonderpreis für «Humanität, Frieden und Brüderlichkeit unter den Völkern», der üblicherweise doppelt so hoch dotiert ist wie die jährlich verliehenen Preise in den Kategorien Geistes- und Naturwissenschaften. 1961 erhielt ihn die Nobel-Stiftung, 1962 Papst Johannes XXIII., 1968 das Hochkommissariat der Vereinten Nationen für Flüchtlinge (UNHCR), 1978 Mutter Teresa, 1991 Abbé

Pierre, 1996 das Internationale Komitee vom Roten Kreuz,
2000 Abdul Sattar Edhi (Pakistan).

Die Sympathiebasis für Mutter Teresas außerordentliche
Publicity jedoch legte kein Preiskomitee, keine Regierung und
kein kirchlicher Würdenträger, sondern ein britischer Journalist: Malcolm Muggeridge (1903–1990). Er interviewte Mutter
Teresa 1968 während ihres Londonaufenthalts etwa eine halbe
Stunde lang für eine BBC-Sendung über ihre Arbeit in Kalkutta. Muggeridge rückblickend: «Der Widerhall war größer
als bei irgendeinem mir bekannten vergleichbaren Programm,
sowohl an Post als auch an Geldspenden für Mutter Teresas
Werk. Ich selbst erhielt viele Briefe mit Schecks und Geldüber-
weisungen, die sich von ein paar Schilling bis zu Hunderten
von Pfund beliefen. Sie kamen von jung und alt, reich und arm,
Gebildeten und Ungebildeten, von Leuten aller Art und aller
Verhältnisse. Alle sagten ungefähr das gleiche – diese Frau hat
mich angesprochen wie keine andere. [...] Es mag auf den ersten Blick überraschend erscheinen, daß eine unbekannte Nonne jugoslawischer Herkunft, vor der Kamera sehr nervös, wie
deutlich zu sehen war, und mit ein wenig stockender Stimme,
auf englische Fernsehzuschauer an einem Sonntagabend wirkte wie kein professioneller christlicher Apologet, Bischof, Erzbischof, Moderator oder lärmender progressiver Demonstrant
im geistlichen Gewand. Aber genau das geschah zur Überra-
schung aller beruflich Betroffenen, mich eingeschlossen.»

Im Jahr darauf drehte Muggeridge einen apologetisch ge-
färbten, aber als Dokumentation aufgezogenen Film über Mutter Teresa und die segensreiche Arbeit der Missionarinnen in
ihren ärmlichen Niederlassungen inmitten der Elendsviertel
Kalkuttas. Die Kamera fing Szenen ein, die im industrialisier-
ten Westen gemeinhin undenkbar waren. Bei den Dreharbeiten
ereignete sich ein vielzitiertes Wunder: die Kamera filmte in
Nirmal Hriday die Sterbenden, und die Aufnahmen erschienen
in einem bisher nie gesehenen Licht, das Muggeridge auf die
Anwesenheit Gottes zurückführte. Der Kameramann hatte einen neuen Kodakfilm ausprobiert, was natürlich in der Legen-
denschreibung ignoriert wurde. Der Film lief unter dem Titel

«Something beautiful for God», den Muggeridge auch für sein 1971 erschienenes Mutter-Teresa-Buch wählte (obiges Zitat S. 25 f.), das in zwanzig Auflagen und in dreizehn Sprachen erschien, über 300 000mal verkauft wurde und richtungweisend war für die künftige Legendenbildung – nicht nur im Blick auf die gewollte Nebulosität von Fakten und Daten, sondern auch hinsichtlich der Topoi und Exempel.

Muggeridge als den «Entdecker» der Mutter Teresa hinzustellen, wie dies öfter geschieht, ist sicher übertrieben, weil sie sich auch schon vor 1968 höchster Protektion und Auszeichnungen erfreut hatte. Ihre Popularität im Westen bei Christen und Atheisten, Liberalen und Konservativen verdankte sie jedoch zum großen Teil seiner Öffentlichkeitsarbeit und seinem sicheren Instinkt für eine «gute story». Muggeridge gilt als G. K. Chesterton des späten 20. Jahrhunderts und als einer der einflußreichen christlichen Apologeten, dem eine sozialistische Jugendgesinnung nachgesagt wird, der eine Phase der christlichen Rückbesinnung und im Alter (1983) die Konversion zum Katholizismus folgten. Seine konservativ-orthodoxen Glaubens- und Bekenntnisschriften, die im Zusammenhang mit seiner lebenslangen Freundschaft mit Mutter Teresa entstanden und genau ihre Themen vertieften, brachten ihm den Spitznamen «St. Mugg» ein. In seinen Augen war der säkulare Liberalismus «die größte aller destruktiven Mächte». Er gehörte zu den Journalisten, die vom «Congress for Cultural Freedom» (CCF) gefördert wurden, und verfügte deshalb über ausgezeichnete Kontakte, so daß er 1971 nicht nur Mutter Teresa den Nobelpreis prophezeite, sondern ihre Nominierung auch unterstützen konnte – zusammen mit dem ehemaligen kanadischen Premierminister und Nobelpreisträger Lester Pearson, Lady Jackson (Päpstliche Kommission für Gerechtigkeit und Frieden) und Mitgliedern des Johanniterordens. Der CCF war eine einflußreiche Organisation: Er wurde 1949/50 für Gelehrte, Künstler, Freidenker, Schriftsteller und Journalisten, sogar anti-amerikanisch eingestellte Intellektuelle gegründet. Ihr Ziel war, den Westen zur Zeit des Kalten Krieges vor kommunistischen bzw. sozialistischen Einflüssen zu schützen, und zwar durch Förderung einer «nicht-kommunistischen linken» Kultur und einer «amerika-freundlichen rechten» Kultur. Für das Establishment ungefährliche künstlerische oder ideologische, tendenziell «linke» Innovationen (etwa der Postmodernismus), deren realpolitische Relevanz unbedenklich war, wurden deshalb finanziell unterstützt, konservative geistige Strömungen ohnehin. Der CCF wurde von der CIA überwacht und gesponsert, was natürlich die wenigsten Mitglieder wußten.

Muggeridge jedenfalls beantwortete die Fragen des Nobelpreis-Komitees, welchen Beitrag Mutter Teresa konkret für den Weltfrieden geleistet habe, mit dem Hinweis, daß sie «in jeder leidenden Seele ihren Erlöser sah und sie dementsprechend behandelte, indem sie zusammen mit ihren Missionarinnen eine Art Liebesgenerator in der Welt war, eine Gegenkraft zu dem Machtwahn, der Habgier und den egoistischen Unternehmungen [...], aus denen individuelle und kollektive Gewalt in allen ihren Formen entstand». (Spink, 198) Das reichte nicht für den Friedensnobelpreis, und auch 1975 – im «Jahr der Frau» – konnte Muggeridge zusammen mit Senator Edward Kennedy, Maurice Strong, dem Direktor von «The United Nations Environment», und dem Vorsitzenden der Weltbank, Robert McNamara, nicht reüssieren. Der dritte Versuch 1979 schließlich war erfolgreich. Mutter Teresa erhielt am 10. Dezember den mit 980 000 Kronen dotierten Preis und darüber hinaus weitere 360 000 Kronen, die von begeisterten Bürgern gesammelt worden waren und ihr als «Preis des norwegischen Volkes» überreicht wurden. Auch die Kollekte des Festgottesdienstes, 48 000 Kronen, sowie 3000 Kronen als Gegenwert des auf ihre Bitte hin abgesagten Festbanketts konnte Mutter Teresa dem Orden zuführen. Sie hielt ihre Rede in Sari und Sandalen und wurde als «Star ohne Perücke, ohne Make-up, ohne künstliche Wimpern, ohne Nerz und ohne Diamanten, ohne theatralische Gesten und Ticks» gefeiert, der einzig von dem Gedanken besessen sei, wie der «Nobelpreis in der bestmöglichen Weise für die Ärmsten der Armen in der Welt» genutzt werden könne. (Spink, S. 203) Als Mutter Teresa ihre Rede einen Tag später für das norwegische Volk wiederholte, sangen die Anwesenden spontan ein Halleluja.

Der Friedensnobelpreis 1979

Die Verleihung des Friedensnobelpreises bedeutete für Mutter Teresa den Höhepunkt ihrer Publicity und für die Weltöffentlichkeit die höchste Anerkennung ihrer Integrität und ihrer Leistungen zur Bekämpfung menschlichen Elends. Er wird seit 1901 für besondere Verdienste in der Friedensarbeit vergeben, seit 1960 auch für Verdienste um die Menschenrechte. Die Preisverleihung findet am 10. Dezember, dem Internationalen Tag der Menschenrechte, statt. Der Preisträger wird von einem unabhängigen fünfköpfigen Komitee ermittelt, dessen Mitglieder vom norwegischen Parlament ernannt werden. Welche Argumente das Komitee bewogen haben, Mutter Teresa auszuzeichnen, ist nicht bekannt, weil die Sitzungen nicht protokolliert, die Entscheidungen prinzipiell nicht gerechtfertigt und öffentliche Debatten darüber nicht kommentiert werden. Im Gegensatz zu vielen Personen und Organisationen, die den Preis erhielten, wurde dessen Vergabe an Mutter Teresa in der Öffentlichkeit nicht kontrovers diskutiert. Dies erscheint um so bemerkenswerter, als Mutter Teresa weder an einem politischen Friedensprozeß noch an der (1966 abgeschlossenen) Erarbeitung der UN-Pakte zu den Menschenrechten beteiligt gewesen war, die 1976 in Kraft traten; auch für die internationale Anerkennung der (sukzessive verabschiedeten) diesbezüglichen UN-Konventionen hatte sie sich nicht engagiert. Die Verleihung des Friedensnobelpreises an Mutter Teresa bedeutete schon in sachlicher Hinsicht einen Konventionsbruch, ihre Preisrede noch mehr. Sie benutzte die Gelegenheit, vor der Weltöffentlichkeit zu sprechen, dazu, die Zuhörer zuerst zum Gebet aufzufordern und danach unter enger Bezugnahme auf die Position der katholischen Kirche ausführlich gegen die Abtreibung und die nicht-natürliche Empfängnisverhütung zu predigen. Auch die Wurzeln ihrer Spiritualität mit ihrem Grundaxiom, in jedem Armen den leidenden Christus zu erblicken und deshalb auch keine Sozialarbeit im landläufigen Sinn zu leisten, benannte sie, wobei den wenigsten christlichen Zuhörern die Dimension dieser Aussage klar gewesen sein dürfte, von der nicht-christlichen Öffentlichkeit ganz zu schweigen. Ihr Appell – zugleich ihr Pa-

*Das ruhige, ausgeglichene,
ehrliche Gesicht Mutter
Teresas faszinierte weltweit
Gläubige und Ungläubige.
Ohne dieses persönliche Charisma wäre ihr Erfolg nicht
denkbar gewesen.*

tentrezept zur Schaffung einer friedlichen Welt – war einfach,
richtete sich an jeden einzelnen Menschen und überforderte
keinen:

«Und ich denke, daß wir in unserer Familie keine Bomben
und Kanonen brauchen, um den Frieden zu zerstören oder zu
bringen – gehen Sie einfach aufeinander zu, lieben Sie einander,
bringen Sie diesen Frieden, diese Freude, die Kraft des Fürein-
ander-da-Seins in Ihr Heim. Und das wird genügen, um alles
Übel in der Welt zu überwinden. Es gibt so viel Leid, so viel
Haß, so viel Elend, und wir beginnen mit unserem Gebet, mit
unserem Opfer zu Hause. Liebe beginnt zu Hause, und es geht
nicht darum, wieviel wir tun, sondern wieviel Liebe wir in unser Handeln einfließen lassen. Wir tun es für Gott, den All-
mächtigen – wieviel wir tun, spielt keine Rolle, denn er ist un-
endlich, es geht allein darum, wieviel Liebe wir in die Hand-
lung legen, wieviel wir für ihn tun durch den Menschen, dem
wir dienen. [...] Und darum wollen wir uns immer mit einem
Lächeln begegnen, denn das Lächeln ist der Anfang der Liebe,
und wenn wir anfangen einander zu lieben, ergibt es sich von
selbst, daß wir etwas für den anderen tun wollen. Beten Sie
also für unsere Schwestern und für mich und unsere Brüder

und für unsere Mitarbeiter in aller Welt. Beten Sie dafür, daß wir dem Geschenk Gottes treu bleiben, ihn zu lieben und ihm zu dienen in den Armen [...] Aber ich möchte nicht, daß Sie mir von Ihrem Überfluß geben. Ich möchte, daß Sie geben, bis es weh tut. [...] [Vierzehn] Professoren kamen zu unserem Haus, und wir sprachen von Liebe, von Mitleid. Und dann bat mich einer: ‹Bitte, Mutter, sagen Sie uns etwas, an das wir uns erinnern können›. Und ich sagte ihnen: ‹Lächeln Sie einander an, lassen Sie sich in der Familie füreinander Zeit. Lächeln Sie einander an›.»

Der Mythos Mutter Teresas als «Ikone der Nächstenliebe» war spätestens mit der Verleihung des Friedensnobelpreises vollendet. Um ihre hohe öffentliche Reputation begreifen zu können, genügt es freilich nicht, auf den Glanz dieses Preises zu verweisen. Mutter Teresa erklärte der Welt, warum sie von ihr geliebt werden mußte: weil sie in der Zeit des Kalten Krieges Frieden zu bringen versprach, und zwar einen Frieden ohne Waffen und ohne Abschreckung, einen Frieden der Liebe eben, bewirkt durch ein Lächeln. An diesem Friedensprozeß konnte jeder Erdenbürger teilnehmen. Damit, nicht mit ihren international längst schon umstrittenen Äußerungen zur Geburtenkontrolle und der apostolischen Verpflichtung von Müttern zur Verbreitung des Christentums, berührte sie weltweit den Nerv ihrer Zeit. Das ist auch der Grund, warum Mutter Teresa im öffentlichen Bewußtsein nicht als katholische Missionarin verankert war, die Tag und Nacht dem leidenden Christus Satisfaktion gewährt und dabei die Welt entsühnt, sondern als tolerante, philanthropisch gesinnte Nonne mit größten sozial- und entwicklungspolitischen Verdiensten. Daß Mutter Teresa in erster Linie Missionarin und Ordensgründerin war und nur in einem rein katholischen Sinne ein international wirkendes Friedenssymbol, war der damaligen Öffentlichkeit kaum bewußt, weil es von der Presse nicht nachdrücklich genug thematisiert wurde. Das dürfte trotz ihrer «Wiedervereinnahmung» durch die Kirche im Zuge ihres Seligsprechungsverfahrens immer noch zutreffen. Ohne hier die allseits bekannte Geschichte des Kalten Krieges nachzeichnen zu wollen, erscheint es doch nützlich, einige wenige

Fakten in Erinnerung zu rufen, die das Datum 10.12.1979 umgeben und die internationale Euphorie um die neue Friedensnobelpreisträgerin nachvollziehbar machen:

Die Grundlagen des Ost-West-Konflikts waren mit der Entstehung der Sowjetunion (1917) und mit dem Bruch der Anti-Hitler-Koalition in Zusammenhang mit dem Potsdamer Abkommen (1945) geschaffen worden. Hinter dem Konflikt zwischen den USA und der Sowjetunion standen unüberbrückbare politische Systemgegensätze und Werteauffassungen, die sich (aus westlicher Sicht) als Konfrontation zwischen «Demokratie» und «Diktatur», Marktwirtschaft und Planwirtschaft, «Kapitalismus» und «Kommunismus/Sozialismus» (u. v. a.) darstellten und zur Blockbildung führten. 1949 wurde die NATO als westliches Militärbündnis gegründet, 1955 der Warschauer Pakt als östliches Pendant. Das nun beginnende nukleare Wettrüsten der beiden Supermächte bis zum – potentiellen – Overkill sollte der langfristigen Friedenssicherung durch Abschreckung vor dem atomaren Erstschlag und «wechselseitig zugesicherte Zerstörung» (Mutual assured destruction) dienen und dauerte bis in die 1990er Jahre.

Die Ost-West-Konfrontation fand in «Stellvertreterkriegen» statt, in denen wenigstens eine der beiden Supermächte nicht unmittelbar militärisch in Erscheinung trat, um die kommunistischen bzw. kapitalistischen Interessen eines Staates oder einer Bürgerkriegspartei zu unterstützen (z. B. Koreakrieg 1950–1953; Vietnamkrieg 1965–1975; Afghanistankrieg 1979; Bürgerkrieg in Angola 1975–2002; Nicaraguakrieg 1979/80). Während der Kubakrise 1962 war die Gefahr eines atomaren Krieges am größten. Als neutralisierende Reaktion auf die drohende Gefahr eines dritten Weltkriegs konstituierte sich 1961 die «Bewegung der blockfreien Staaten» (Non-Aligned-Movement), der sich hauptsächlich Entwicklungsländer anschlossen. Sie verfolgte keine gemeinsame Politik und ging auf eine Initiative des indischen Ministerpräsidenten Nehru, des jugoslawischen Präsidenten Tito und des ägyptischen Staatschefs Nasser zurück. Zu ihren allgemeinen Forderungen zählten die Abrüstung der Supermächte, ein Nuklearwaffenverbot, aber auch

Gleichberechtigung und Gleichbehandlung gegenüber anderen Nationen sowie die damit verbundene Entkolonialisierung der Mitgliederstaaten.

Vier Tage vor der Friedensnobelpreisverleihung an Mutter Teresa befürworteten die Außenminister der Warschauer-Pakt-Staaten das Abrüstungsabkommen SALT II. Am 12. Dezember 1979 wurde der sog. NATO-Doppelbeschluß vereinbart, der vorsah, die westeuropäischen Mittelstreckenraketen durch Pershing II- und Cruise-Missile-Raketen zu ersetzen und der Sowjetunion gleichzeitig Rüstungskontrollverhandlungen anzubieten. In den letzten Dezembertagen begann der Einmarsch sowjetischer Truppen in Afghanistan, auf den der damalige US-Präsident Ronald Reagan mit erhöhten Rüstungsausgaben reagierte. Diese wurden schließlich 1983 im SDI-Projekt (Star-Wars-Programm) gebündelt, von dem man sich erst 1993, also nach dem Ende des Ostblocks 1989 und der Auflösung der Sowjetunion 1991 verabschiedete. Ermöglicht wurde die beiderseitige Abrüstung seit 1987 (INF-Vertrag) durch die immer deutlicher werdende Erschöpfung der Sowjetunion und durch die Politik von Michail Gorbatschow, der 1985 schon die Notwendigkeit innerer Reformmaßnahmen erkannt und die Initiativen zu Perestroika und Glasnost ergriffen hatte. Mitten im Kalten Krieg und ein Jahr, nachdem ein Pole den Stuhl Petri bestiegen hatte, den Friedensnobelpreis einer albanischen Nonne aus einem der blockfreien Staaten zu überreichen, deren Friedenskonzept von nichts weiter als menschlicher Wärme spricht, um die Feindschaft zwischen Ost und West und die Kluft zwischen den verschiedenen Rassen und Religionen zu überbrücken, begeisterte als Botschaft und Symbol.

Die Geste entsprach genau dem Geschmack der international aktiven Friedensbewegungen und deren unzähligen Sympathisanten, die kein politisches oder weltanschauliches Konzept, sondern eine humanitäre Vision miteinander verband. Mutter Teresa stand nun in der Tradition des angesehenen Friedensnobelpreisträgers Albert Schweitzer (1952), der eine «Gesinnung des Friedens» verkündet und die Regierenden aufgefordert hatte, zum Vollstrecker der Friedensliebe der Völker zu werden, um ein «Unglück für die Menschheit» zu verhindern. Derartige Appelle, denen sich namhafte Naturwissenschaftler anschlossen, hatten nicht nur Pazifisten in aller Welt (man denke an Ostermärsche, 6000-Meilen-Marsch von San Francisco nach Moskau 1966, Sitzblockaden, Vietnamkrieg-Opposition), sondern auch die Kirchen (z. B. die katholische «Pax-Christi»-Friedensorganisation, die Quäker, die blockübergreifende «Christliche Friedenskonferenz», die «Heidelberger Thesen» der evangelischen Kirchen) aktiviert. Mutter Teresas «Befriedungslächeln» wurde im zeitgeschichtlichen Kontext als Zeichen verstanden und mußte weltweit auf Sympathie stoßen. Die vielen nachfolgenden Preisverleihungen und Ehrungen, die sie bis an ihr Lebensende von Staatsoberhäuptern des Ostens und des Westens, von humanitären und kirchlichen Organisationen empfing, und die ungebrochene öffentliche Akzeptanz, die sich etwa in dem großen Spendenvolumen ausdrückt, zeugen von der ideologischen Kompatibilität ihres Aufrufs zur Menschlichkeit. Mutter Teresa war jetzt eine politische Figur sui generis, da sie sich in kein politisches Lager ziehen ließ – sie durfte es auch nicht –, und eine allgemein akzeptierte ethische Instanz, die sich über die Blockzugehörigkeit oder die Weltanschauung ihrer Förderer und ihrer Patienten erhob. Damit entgingen der öffentlichen Wahrnehmung allerdings Mutter Teresas eigentliche Leistungen und die Art ihrer Spiritualität.

4. Ein weltweiter «Organismus der Liebe»

Die Missionsbrüder der Nächstenliebe

Im Blick auf ihre Erfolgsgeschichte traten Mutter Teresas eigentliche missionarische Leistungen, vor allem die Gründung mehrerer Ordenszweige der Missionarinnen der Nächstenliebe, in den Augen der Öffentlichkeit zurück. Die Idee, den Schwestern einen Bruderorden zur Seite zu stellen, der mit ihnen zusammenarbeiten sollte, wurde sofort von Périers Nach-

folger Erzbischof Albert D'Souza unterstützt und führte 1963
zur Gründung einer entsprechenden Gemeinschaft. Zu ihr gehörten anfangs nur drei Kandidaten, denen Mutter Teresa vor-
stand. Sie wurden von den Schwestern ausgebildet, vom Spiritual der Schwestern, Julien Henry S.J., geistlich betreut und
sollten in der Leprosenstadt und im Sterbehaus mithelfen. Als
die Gruppe auf die apostolische Zahl Zwölf angewachsen war,
bestimmte Mutter Teresa den australischen Jesuiten und Priester Ian Travers-Ball (geb. 1928) zum Führer der Gruppe, weil
«er ein sehr heiliger Mensch ist, wirklich sehr heilig», wie sie
sagte, weil er ihren Grundsatz, im Dienst an den Ärmsten der
Armen dem leidenden Christus Satisfaktion zu verschaffen,
teilte, weil er auf die göttliche Vorsehung vertraute und sich wie
Mutter Teresa für ein Werkzeug Gottes hielt. Am 26. März
1967 erkannte der Papst die Bruderschaft als diözesane Kongregation an, deren Leitung Mutter Teresa nun aus kirchen-
rechtlichen Gründen an Travers-Ball abgeben mußte. Er nannte
sich nun Bruder Andrew und übernahm die Novizenausbildung
für die mittlerweile 33 Postulanten. Das Stammhaus befand
sich in einem Stadtteil Kalkuttas (Khidipur), die erste Niederlassung in einem Slum (Dum Dum). Das Noviziat wurde in
Kalkutta und in Los Angeles eingerichtet.

Bruder Andrew paßte die Statuten der Missionarinnen den
Bedürfnissen seines Männerordens an und modernisierte sie.
Das Verhältnis zwischen ihm und Mutter Teresa war häufig
gespannt, besonders was die Lebensweise der Brüder betraf,
die sich abends nicht in ihre eigenen Unterkünfte begeben mußten, die Gastfreundschaft annehmen durften, Fremde an ihren
Tisch bitten konnten, einen flexibleren Tagesablauf hatten und
keine Ordenstracht – vom Kreuz an der linken Schulter abgesehen – trugen. Auf diese Weise verlief ihr Leben vergleichs-
weise kurzweilig. Natürlich erfreuten sich die Missionsbrüder
der Nächstenliebe nicht des gleichen öffentlichen Rufs wie die
von Mutter Teresa persönlich geleiteten Missionarinnen, doch
konnten auch sie sich international betätigen: zunächst kurz-
fristig in Vietnam (1973–1975) und Kambodscha (1974–1975),
dann in Beirut (1979), Italien, Zagreb, Detroit, St. Louis, Ba-

hia (Brasilien), Ruanda, Nairobi, Mexiko, Haiti, in den USA, in Australien und im südostasiatischen Raum. 1989 sollen 333 Brüder und 136 Novizen in 91 Häusern in 31 Ländern gelebt haben. 1993 habe der Orden aus 400 Brüdern in 76 Niederlassungen bestanden. Bruder Andrew flog seine Dependancen regelmäßig an – hier folgte er (von der Öffentlichkeit so gut wie unbeachtet) dem Beispiel Mutter Teresas gewissenhaft –, um sie zu betreuen und ihre Tätigkeit für die Ärmsten der Armen in Gebieten und Aufgabenbereichen, die für Schwestern nicht geeignet waren, zu kontrollieren. Die meisten Niederlassungen arbeiteten deshalb nicht, wie ursprünglich geplant, den Missionarinnen zu, sondern dienten den Ärmsten der Armen selbständig, indem sie auf Nöte vor Ort in der ordenstypischen, unprofessionell-improvisierten Weise reagierten.

Bruder Andrew wurde 1986 von Bruder Geoff, der das Amt des Generalsekretärs bekleidet und entschlossen gegen ihn agitiert hatte, als Ordensgeneral abgelöst. Andrew begründete nach 21jähriger Ordenszugehörigkeit seinen Austritt so: «Bei meiner Ankunft [in den USA] legte man mir eine Liste von Anlässen vor, wo ich zuviel getrunken, mich töricht verhalten und ein schlechtes Beispiel gegeben hatte. Man hatte zu meinem Wohl Vorkehrungen getroffen, daß ich unverzüglich in eine Entziehungsanstalt für Alkoholiker gehen sollte. Ich gestehe, daß ich einige Male in den letzten zwölf Jahren betrunken war [...] Aber ich betrachte mich selbst nicht als Alkoholsüchtigen, der eine Behandlung braucht. [...] Das bedeutete, daß ich nicht länger Missionsbruder bleiben konnte, und ich habe um Entlassung aus dem Gelübde gebeten. Mein Gebet zum Abschied für die Brüder ist, daß sie Jesus und den Armen in großer Schlichtheit stets nahe bleiben.» (Spink, S. 269) Bruder Andrew veröffentlichte später ein erfolgreiches Erbauungsbuch unter seinem alten Ordensnamen mit dem Titel «Ich bin ein Pilger in dieser Welt», worin er über seine Arbeit bei den Ärmsten der Armen nahezu faktenfrei fabuliert und sehr gefühlvolle Einblicke in seine Spiritualität gewährt. Das Vorwort stammt von Muggeridge. Bruder Andrew distanzierte sich in der Öffentlichkeit nicht von seinem Orden und nicht von Mutter Te-

resa, die von den Ereignissen erst nachträglich erfahren haben
soll. Etliche seiner Mitbrüder verließen unmittelbar nach ihm
den Orden. «Ob das nun direkt auf Bruder Andrews Fortgehen
zurückzuführen war oder auf eine Art Midlifecrisis, die ohnehin aufgetreten wäre, wußten die Brüder nicht zu sagen.»
(Spink, S. 270) Bruder Andrew starb am 4. Oktober 2000 bei
den Missionarinnen der Nächstenliebe in Melbourne an Krebs.
Zu seinem Begräbnis sprach auch Bruder Geoff. Mittlerweile
sollen dem Orden etwa 400 Brüder angehören, die sich lepra-
kranker Männer, Drogenabhängiger, AIDS-Kranker und ehe-
maliger Häftlinge annehmen und ihre Lebensführung den Vorstellungen Mutter Teresas weitgehend angepaßt haben.

Weitere Missionsorden

Mutter Teresa hatte von Anfang an ein ganzheitliches Verständnis ihrer Mission. Sie hätte sonst nicht gleichzeitig mit
der Gründung ihres Schwesternordens die «Gemeinschaft der
kranken und leidenden Mitarbeiter» als Missionseinrichtung
ins Leben gerufen, deren Aufgabe darin bestand, für die Missionarinnen im aktiven Dienst zu beten und ihre Leiden aufzu-
opfern, weil derartige spirituelle Liebesdienste das Leiden
Christi lindern und die eigene Seele entsühnen würden. Sie entschloß sich 1970, diesen wichtigen Dienst an Gott nicht nur
Laien, sondern einem kontemplativen Orden anzuvertrauen,
den sie zunächst «Schwestern des Wortes» nennen wollte. Der
Orden wurde am Herz-Jesu-Fest 1976 bestätigt und eröffnete
seine erste Niederlassung in New York (Bronx), die der zuständige, dem Opus Dei nahestehende Erzbischof Kardinal Terence
James Cooke weihte. Dessen Seligsprechungsverfahren dauert
noch an. 1977 wurde die Gemeinschaft unter dem Namen
«Kontemplative Missionarinnen der Nächstenliebe» dem aktiven Schwesternorden angegliedert. Ihre Arbeit für die Ärmsten
der Armen bestand im Gebet, der geistlichen Betrachtung und
im Apostolat (drei bis fünf Stunden täglich), weshalb sie sich
auch für Missionarinnen der Nächstenliebe eignete, die aus Al-
ters- oder Gesundheitsgründen aus dem aktiven Dienst aus-
scheiden mußten. Schwester Nirmala, die Nachfolgerin Mutter

Teresas als Generaloberin der Missonarinnen der Nächstenliebe, leitete den Orden als erste Oberin. Ihm sollen 1990 etwa fünfzig Schwestern angehört haben, mittlerweile sollen es etwa hundert sein.

Da Mutter Teresa akzeptieren mußte, daß der sehr aktiv arbeitende Bruder Andrew an einer entsprechenden kontemplativen Einrichtung für die Missionare der Nächstenliebe nicht interessiert war, gründete sie 1978 in Rom die Gemeinschaft der «Brüder des Wortes» und unterstellte sie einem dortigen Prälaten, Sebastian Vazhakala. Sie wurden 1985 unter der Bezeichnung «Kontemplative Brüder der Missionarinnen der Nächstenliebe» den Missionarinnen der Nächstenliebe beigeordnet und tragen eine graue Ordenstracht (Novizen eine weiße) mit einem Kreuz auf der Schulter. Vazhakala legte die Ordensgelübde ab, nennt sich Father Sebastian und leitet die Gemeinschaft. Ihre von Bedürfnissen befreite Lebensführung entspricht derjenigen der aktiven Missionarinnen der Nächstenliebe mit dem Unterschied, noch mehr Zeit für das Gebet und insbesondere – wie die kontemplativen Schwestern auch – zur eucharistischen Anbetung zur Verfügung zu haben. Die derzeit etwa dreißig Ordensbrüder betreiben ein Haus in Rom, zwei in Albanien und eines bei New Delhi.

Mutter Teresas kontemplative Orden teilen das Leiden Christi, indem sie die Eucharistie als «geistliche Seelennahrung» auf dem Weg durch das irdische Leben und als sakramentale Gegenwart Christi in ihren Herzen in den Mittelpunkt ihres spirituellen Lebens stellen. Sie opfern ihre Gebete den Leiden des Gekreuzigten und leiden mit ihm und für ihn unter den Bedingungen der Ärmsten der Armen aus Liebe. Auch für sie ist Jesus in den Ärmsten der Armen gegenwärtig, doch sühnen sie seine Leiden spirituell. Insofern sich ihre Herzen aus Liebe zu Christus völlig «ausbluten», verstehen sie sich als «die Ärmsten der geistig Armen» und empfinden ihre Armut als seelisch erneuernde Kraft, die sich in der Welt als Nächstenliebe ausdrückt und ihrem Wesen nach Gottesliebe ist. Die «Unbefleckte Gottesmutter» wird als «Ursache unserer Freude» verehrt, denn über sie wird die enge Liebesverbindung zwischen dem leidenden Herrn und den Monasterialen geknüpft, und sie begleitet schützend deren Seelen in das ewige Leben. Die Pflicht zum Apostolat erfüllen sie, indem sie Arme betreuen, besuchen (etwa in Slums, Krankenhäusern, Gefängnissen) oder Nachtquartiere zur Verfügung stellen und dabei missionieren, sei es durch Katechesen oder, wo dies staatlich verboten ist, durch ihr eigenes Vorbild. Ihre oberste Pflicht ist der Gehorsam und die Ergebenheit in die Lehre der Kirche. Ihre theologische Ausbildung soll sich auf die «Schulung der Herzen» und auf einfache Bibelkenntnisse beschränken und ist deshalb frei von akademischen Ambitionen.

Mutter Teresas kleinster Orden geht auf eine Initiative von Father Joseph Langford, einem amerikanischen Priester, aus dem Jahr 1979 zurück: Langford fühlte sich nach der Lektüre von Muggeridges Buch «Mutter Teresa. Ein Leben für die Ausgestoßenen» veranlaßt, Mutter Teresa seine priesterlichen Dienste anzubieten, um sich selbst innerlich mit einem «tieferen Gebetsleben, einer einfacheren Lebensart und geistlicher Nächstenliebe» (Spink 228) zu erneuern. Langford erarbeitete zusammen mit Mutter Teresa die Statuten zu einem Priesterzusammenschluß, der für die Missionarinnen der Nächstenliebe «wertvolle geistliche Arbeit» leisten sollte. Mutter Teresa legte diese Statuten Papst Johannes Paul II. vor, der das Projekt warm begrüßte. 1983 erhielt Mutter Teresas Priestergemeinschaft für die Ärmsten der Armen von Kardinal Cooke ein Haus in New York (Bronx), wo sie als Corpus-Christi-Bruderschaft mit gerade drei Mitgliedern ihren Dienst begann. 1984 wurde die Gemeinschaft den Missionarinnen der Nächstenliebe angegliedert und 1987 unter dem Namen «Fathers Missionaries of Charity» als Orden bestätigt. Langford übernahm die Leitung des Ordens, der derzeit 25 Mitglieder zählen soll. Das Noviziat wird in Rom abgelegt. Die Brüder bereiten sich dabei auf das Priestertum vor und versehen ihr Apostolat nach dem Vorbild der kontemplativen Brüder der Missionarinnen der Nächstenliebe mit einem deutlichen pastoralen Schwerpunkt bei der Betreuung der Ärmsten der Armen. Da sie als Priester die Sakramente verwalten dürfen, leisten sie wichtige Missionsdienste. Mutter

Teresa schickte Langford zu diesem Zweck in ihr Sterbehaus in Kalkutta, obwohl sie wußte, daß die Patienten dort in der Regel keine Christen sind. Die indische Regierung verbot dem Priester-Orden, sich in ihrem Land niederzulassen, weshalb sich 1989 eine erste Gruppe in Tijuana (Mexiko) ansiedelte, wo ähnliche Verhältnisse wie in Kalkutta herrschten.

Aus der frühen Corpus-Christi-Bruderschaft Pater Langfords ging Jahre später ein weiterer Zusammenschluß von Priestern im Geist Mutter Teresas hervor, die sich «Corpus Christi Movement» nennt und von Pater Pascual Cervera (New York) geleitet wird, einem gemeinsamen Freund Langfords und Mutter Teresas. Die Initiative ging auf Mutter Teresa selbst zurück, die den Wunsch hegte, Weltpriester an ihren Orden zu binden, ohne daß diese ihren Status aufgeben mußten. Die Corpus-Christi-Bewegung komme, so Mutter Teresa, «direkt aus dem Herzen Jesu» und bilde «den kleinen Weg zur Heiligkeit für Priester, gleich welcher priesterlicher Dienste». Sie ist also in den Augen Mutter Teresas eine Ausdrucksform der Herz-Jesu-Verehrung. Sie wurde mit einem Gebetsapostolat verbunden, das dem der kranken und leidenden Mitarbeiter ähnelt, aber nicht in erster Linie dem Seelenheil der Schwestern, sondern dem der Priester zugute kommen soll: Jeder Priester wird von jeweils einer für ihn betenden (und stellvertretend durch ihre Leiden büßenden) Schwester «geistlich adoptiert», weil sich «Gottes Volk nach heiligen Priestern» sehne. Diese Formel geht, wie noch zu zeigen sein wird, auf die von Mutter Teresa so sehr geschätzten Schriften der heiligen Theresia von Lisieux zurück. Für die Priester ist mit der Mitgliedschaft keine spezielle Verpflichtung verbunden, doch wird erwartet, daß sie das «Charisma Mutter Teresas» im Rahmen ihres eigenen Priesteramts leben und weitergeben und daß sie täglich eine Messe zelebrieren. Die geistliche Adoption durch eine Schwester sieht keine Korrespondenz mit dem Priester vor; das Ausfüllen eines Adoptionsformulars genügt. Etwa sechs Wochen vor Mutter Teresas Tod 1997 erhielt die Bewegung die apostolische Anerkennung als internationale Vereinigung von Diözesanpriestern. Die Corpus-Christi-Bewegung und der Priesterorden stillten «den

Durst Jesu nach Seelen, wie auch den Durst der Seelen nach Jesus», indem sie ihr «Leben auf die Eucharistie ausrichten, die den Ursprung und den Höhepunkt [ihres] priesterlichen Lebens» bilde, und indem sie sich Maria als «der Mutter der Kirche und der Mutter aller Priester» anvertrauen. Auch für die priesterlichen Gemeinschaften Mutter Teresas stehen also die Sühne des Leidens Christi und die Selbstheiligung durch Heiligung der Menschheit im Zentrum ihrer christlichen Mission.

Der Auftrag der Laien

Innerhalb von Mutter Teresas Missionswerk spielte das Laienapostolat eine herausragende Rolle, nicht nur, was die damit verbundenen Sachleistungen und Hilfsdienste für den aktiven Orden anbelangt, sondern auch hinsichtlich der von ihr angestrebten Missionierung zur Entsühnung der Welt. Seit Mutter Teresas ersten Tagen in den Slums wurde sie von sozial-karitativen (nicht zwingend christlichen) Organisationen und von engagierten ehenamtlichen Helfern, hauptsächlich christlichen Frauen, unterstützt. Seit 1954 befand sich Ann Blaikie unter ihnen, eine tatkräftige Engländerin, deren Mann in Kalkutta für eine britische Firma als Rechtsanwalt arbeitete. Sie baute stabile internationale Kontakte zu politischen und karitativen Institutionen auf und und managte überdies auch noch Mutter Teresas frühe Auftritte in der Öffentlichkeit und in der Presse. Ann Blaikie kehrte 1960 nach England zurück, übernahm den Vizevorsitz eines Wohlfahrtsverbandes für Leprakranke, der für Mutter Teresa spendete, und gründete ein Mutter-Teresa-Komitee. Zu dessen Aktivitäten zählten Kleider-, Arzneimittel- und Geldspenden, aber auch Öffentlichkeitsarbeit durch Film- und Diavorträge zur Förderung der Arbeit und der Bekanntheit Mutter Teresas. Auch das BBC-Interview von Muggeridge wurde von Ann Blaikie vorbereitet.

Das Komitee wuchs rasch dank der nationalen und internationalen Presse und der aufsehenerregenden Preise für Mutter Teresa und fand auch außerhalb Englands so viele Interessenten, daß sich Mutter Teresa entschloß, es in eine feste Organisation zu überführen. Im März 1969 wurde der «Internationale

Verband der Mitarbeiter von Mutter Teresa» durch Papst Paul VI. genehmigt und den Missionarinnen angegliedert. Die Spiritualität dieser Organisation war selbstverständlich katholisch, doch wurde dies von den Statuten kaschiert, die ausdrücklich keine religiösen, sozialen oder nationalen Voraussetzungen für die Mitgliedschaft vorsahen. Dies stellte kein Novum mehr dar; das Opus Dei nahm als erste katholische Einrichtung seit 1950 Nichtchristen als Mitglieder auf. Die geistlichen Ziele des Verbandes waren jedoch klar vorgegeben: die Mitarbeiter Mutter Teresas sollten in den Armen den leidenden Jesus erkennen, im Umgang mit den Armen den Umgang mit Gott pflegen, diesen lieben lernen und mit den Missionarinnen eine Gebetsgemeinschaft bilden. Ihre so gewonnene Christuserfahrung sollten sie ihren Familien vermitteln und auf diese Weise in die Welt tragen. Der Verband war also faktisch eine Laien-Missionsgemeinschaft in den westlichen Industrieländern, zu dessen Aufgaben auch konkrete Hilfsmaßnahmen für Mutter Teresas Indienmission gehörten. Die Mitglieder waren überdies noch gehalten, täglich bestimmte Gebete zu verrichten, darunter eines von Papst Paul VI. und dem heiligen Franziskus, so oft wie möglich, mindestens aber einmal monatlich, eine eucharistische Anbetung zu besuchen und die Gebote der Armut, der Keuschheit, des Gehorsams und der Nächstenliebe – also die Gelöbnisse der Missionarinnen der Nächstenliebe – so gut es ging einzuhalten. Die ernsthafte Mitgliedschaft in diesem Verband mußte zwangsläufig zu einem ganz neuen (christlichen) Familienleben und zu neuen Lebensgewohnheiten führen. Ann Blaikie war bis 1988 Vorsitzende des Verbandes, der bis dahin in 48 Ländern Fuß gefaßt haben soll. Ihr Amt übernahm danach das südafrikanische Ehepaar Margaret und David Cullis.

Mutter Teresa betreute ihren Mitarbeiterverband. Sie besuchte die jeweiligen nationalen Vorsitzenden – schon 1974 war sie deshalb in Malta, Österreich, der Schweiz, Deutschland, Schweden, den Niederlanden, England, Dänemark und Frankreich – und ließ deren Verdienste in der Presse würdigen. Zum Verband sollen 1970 über 80 000 Mitarbeiter gehört haben, 1990 sollen es zwischen 80 000 (Feldmann, S. 138), 150 000

(Konermann, S. 110) und drei Millionen (Spink, S. 275) gewesen sein. Diese Zahlen sind natürlich, wie alle Zahlen, die Mutter Teresas Orden und deren Leistungen betreffen, vage und nicht zu verifizieren. Die Verbandsarbeit kostete die Laien viel Zeit: die Aktivitäten waren mit den Missionarinnen abzusprechen, die Hilfeleistungen zu organisieren und der Verband auf regionaler Ebene zu verwalten. Letzteres durfte nichts kosten, weil Mutter Teresa es strikt ablehnte, Geld für die Logistik zur Verfügung zu stellen. Der Verband besaß deshalb keine offiziellen Büros, keine Angestellten, keine Buchführung, keine Dokumentation der erfolgten Sach- und Finanzleistungen, führte keine Akten und verfügte über nichts als eine improvisierte Verwaltung. Alles mußte auf privater Basis organisiert und erledigt werden, und zwar formlos, kostenneutral, am besten telefonisch und auf freundschaftlicher und ehrenamtlicher Basis. Transport- oder Lagerkosten für die mitunter großen Hilfsgüterlieferungen sollten gar nicht erst anfallen oder privat übernommen werden. Die Geschäfte und die Geschichte des Verbandes bleiben folglich unergründlich.

Die Mitglieder des «unorganisiertesten Verbandes der Welt», wie er von Mutter Teresas Hagiographen gelobt wurde, arbeiteten offensichtlich mit einem Eifer, der Mutter Teresa immer mehr mißfiel. Sie spielte seit 1992 mit dem Gedanken, ihn aufzulösen, und verbot den Mitarbeitern wiederholt, Spenden zu sammeln, den Orden regelmäßige finanzielle Zuwendungen zukommen zu lassen und kommerzielle Aktivitäten (etwa den Verkauf von Mutter-Teresa-Fan-Artikeln) zu organisieren. Sie betonte, keine Spenden mehr zu benötigen und auch nicht mehr zu wollen, weil sie inzwischen weltweit von sehr vielen staatlichen und wohltätigen Organisationen unterstützt werde. Wenn sie Geld oder etwas anderes brauche, würde sie ihre Schwestern dafür beten lassen, und es stelle sich dann ein. Auch eine geistliche Begründung gab sie an: Sie wolle sich auf die göttliche Vorsehung und auf die Kraft der Gebete verlassen. Natürlich erzeugte sie damit bei den Mitarbeitern Irritationen und Frustrationen. Ihre Maßnahme, dem Verband das Erwirtschaften von Spendengeldern aus der Hand zu nehmen und gleichzeitig die

Verwaltung der weiterhin einlaufenden Spenden dem Mutter-haus (Kalkutta) und der Niederlassung in Rom zu übertragen, sollte der leichteren und noch billigeren Verwaltung der Gelder durch den Orden selbst dienen. Auch sollte die Öffentlichkeit auf diese Weise überzeugt werden, daß das Geld den Armen direkt zukomme und nicht in dunklen Kanälen versickere.

Im Juli 1994 – es wird auch August 1993 genannt – wurde der Internationale Mitarbeiter-Verband aufgelöst. Die Mitar-beiter waren eingeladen, den Schwestern weiterhin tatkräftig zu helfen und weiterhin zu beten. Viele erblickten in Mutter Teresas Entschluß das «spirituelle Ergebnis eines tiefen Gebets, das nicht ignoriert werden sollte» (Spink, S. 312, 318). 1998 entschloß sich der Orden, die Laien-Mitarbeiter, die sich bis dahin zwar formal, aber nicht faktisch aufgelöst hatten, als «International Movement of Co-Workers of Mother Teresa» weiterzuführen. Sie sollten, so Schwester Nirmala in einem Rundbrief, sich weiterhin selbst heiligen und sich als Mitglie-der der «geistlichen Familie» des Ordens betrachten. Spenden sind an die Missionarinnen direkt zu richten, Spendenaktionen auf regionaler Ebene bleiben unerwünscht.

Für Mutter Teresa war mit den «Mitarbeitern» ihr Laien-apostolat noch nicht abgeschlossen. Aus naheliegenden pragma-tischen Gründen rief sie in Rom eine zusätzliche Laienorgani-sation für Ärzte (1984) und medizinisches Personal ins Leben, deren Mitglieder für sie natürlich unentgeltlich arbeiteten, über ihre Lieblingsthemen – Abtreibung, Geburtenkontrolle, Dro-gen, Krankheiten in der Dritten Welt – diskutierten und regel-mäßig miteinander beteten. Kontaktpersonen waren Franceso di Raimondo, leitender Arzt am Lazzaro Spallanzani Hospital für Infektionskrankheiten in Rom, und seine Frau. Auch die Laien dieser Gruppe mußten nicht katholisch sein, doch war die Vereinigung faktisch nicht interreligiös und für Andersgläu-bige uninteressant. Vorbilder waren die bereits seit langem exi-stierenden Zusammenschlüsse von Ärzten, die während ihres Urlaubs in Entwicklungsländer reisen, um dort unentgeltlich zu arbeiten, allerdings aus sozial-karitativen und nicht aus religiö-sen Motiven. Wenige Jahre später sollen die Ärzte-Mitarbeiter über mehrere Länder verbreitet gewesen sein. Man könnte sie als einen aktiven Zweig der Laienhelfer Mutter Teresas sehen.

Als kontemplatives Pendant entstand ebenfalls 1984 eine weitere Laienorganisation unter dem Namen «Nazareth Family Movement», die 1988/89 den Missionarinnen der Nächstenliebe angeschlossen wurde und sich seither «Lay Missionaries of Charity» nennt. Sie wird von Bruder Sebastian Vazhakale M. C. (Rom) betreut und steht unter dem Schutzpatronat der Heiligen Familie. Ihre etwa 1000 Mitglieder sollen in Europa (Italien, Frankreich, Spanien, Deutschland, Belgien, Holland, Großbritannien, Irland, Dänemark, Polen, Ungarn), in Nord- und Südamerika sowie in Indien leben und erkennen sich am Kreuz an der linken Schulter. Es handelt sich um eine Art «Dritter Orden Mutter Teresas», der für Laien, gleichgültig welchen Familienstandes, gedacht ist, die sich zu einem klösterlichen Leben und dem Charisma Mutter Teresa hingezogen fühlen. Sie beten mehrmals am Tag zu bestimmten Zeiten, erneuern jährlich die Gelübde der (auch ehelichen) Keuschheit, der Armut, des Gehorsams und des Dienstes an den Armen und versuchen, «dem unstillbaren Verlangen des gekreuzigten Jesus nach der Liebe aller Seelen» zu genügen. Ihr Missionswerk besteht darin, sich, ihre Familien und schließlich die ganze Welt durch ihre Gebete und ein tadelloses christliches Leben nach dem Vorbild der Heiligen Familie zu heiligen und in diesem Bereich den Durst Christi zu stillen. Die Vereinigung sieht sich selbst als eine große Familie und organisiert in Abständen von mehreren Jahren internationale Treffen. Da Mutter Teresa immer der Auffassung war, daß das Christentum zu Hause in den Familien seine Grundlage habe und die Mission der Welt von dort ihren Ausgang nehmen müsse, kommt dem Dritten Orden innerhalb ihres apostolischen Systems Vorbildfunktion zu.

Sich selbst heiligen, um die Welt zu befreien

Der Zweck aller von Mutter Teresa gegründeten Missionsgemeinschaften ist stets derselbe: die Seelenrettung sowohl der Missionare als auch der zu Missionierenden, und damit Selbstheiligung. Das Fernziel der Missionare ist, heilig zu werden,

die Methode dafür Leiden und Aufopferung: «Um eine Heilige
zu werden, muß man viel leiden. [...] Alle unsere Taten müssen
darauf angelegt sein, unsere eigene Vollkommenheit und die
unserer Nachbarn zu steigern, indem wir die Kranken und die
Sterbenden pflegen, die kleinen Kinder von der Straße auflesen
und sie erziehen und den Verwahrlosten ein Heim geben. Für
die Bekehrung der Armen in den Barackenvierteln zu arbeiten
ist eine schwierige Aufgabe – ohne Atempause, ohne Erfolg
und ohne Lohn. [...] Wir können nicht anders, als vor Verlangen brennen, Seelen zu retten. Das Feuer ist der Prüfstein der
Liebe, und der Prüfstein des Feuers ist die Bereitschaft, sein
Leben für die Arbeit an den Seelen zu geben.» (Mutter Teresa,
Geistliche Texte, S. 85). Die Selbstheiligungspflicht gelte für
alle Christen, also für Geistliche und für Laien.

Das von Mutter Teresa bevorzugte Mittel zur Selbstheiligung
ist, wie bereits ausgeführt, körperlich und seelisch zu leiden,
denn dadurch habe man an der Passion Christi Anteil. Kranke
und hilfsbedüftige Menschen stünden deshalb Christus besonders nahe. Sie müßten nur noch ihre Leiden Christus aufopfern,
also Christus all ihre Leiden schenken und aus Liebe zu ihm
weiterleiden, um den Selbstheiligungsprozeß in Gang zu halten.
Die Ärmsten der Armen, die den leidenden Jesus repräsentieren,
heiligen sich auf diese Weise, so sie katholisch sind oder noch
(zur Not schnell) katholisch werden. Mutter Teresas kranke
und leidende Mitarbeiter heiligen sich ebenfalls durch ihre Leiden und außerdem noch durch ihre Gebete, die sie Christus
oder den Schwestern in Kommission für Christus aufopfern.
Die aktiven Ordensschwestern und -brüder heiligen sich durch
ihr entbehrungsreiches Leben mit den Repräsentanten Christi,
und indem sie ihr Selbst Christus opfern, sich durch die Ordensgelübde ihm gänzlich überantworten, alles Irdische hinter sich
lassen und seinen Durst nach Liebe durch Gegenliebe stillen.
Mutter Teresa: «Meine Schwestern, ich werde mit Euch nicht
zufrieden sein, wenn Ihr bloß gute Ordensschwestern seid. Ihr
sollt Gott ein vollkommenes Opfer darbringen. Nur die Heiligkeit macht das Geschenk vollkommen. Der Entschluß, ein Heiliger zu werden, kostet viel. Entsagung, Versuchung, Kämpfe,

Verfolgung und alle möglichen Opfer stellen sich dem dazu entschlossenen Menschen entgegen. […] ‹Ich will ein Heiliger sein› bedeutet: Ich will mich reinigen von allem, was nicht Gott ist […]. Ich will meinem Willen, meinen Neigungen, meinen Launen und Liebhabereien entsagen und mich als freiwilliger Sklave unter den Willen Gottes beugen.» (Geistliche Texte, S. 64).

Die kontemplativen Schwestern und Brüder heiligen sich auf diese Weise, allerdings mit dem Unterschied, daß sie wie die kranken und leidenden Mitarbeiter ihre Gebete zur Heiligung der Aktiven sprechen, um eventuelle Liebesdefizite Christi auszugleichen, die entstehen, wenn die Aktiven im Gebet oder im Armendienst unaufmerksam sind oder sündigen und auf diese Weise Christus Liebe entziehen. Mutter Teresa schuf mit ihrem System von aktiven und kontemplativen Ordens- und Laiengemeinschaften einen «Organismus der Liebe», der den körperlich und seelisch leidenden Jesus ganzheitlich mit Liebe versorgen sollte. Ihre Gemeinschaften repräsentierten, so Mutter Teresa, die fünf Wundmale Christi und linderten deren Schmerz: die beiden kontemplativen Orden falteten ihre Hände zum Gebet und stillten durch diese Entsühnungsmaßnahme den Wundschmerz der Hände Christi; die beiden aktiven Orden stillten den Wundschmerz an Christi Füßen, denn sie «gingen über die ganze Welt dahin» und übten das Apostolat; die Mitarbeiter Mutter Teresas auf Laienbasis stillten die Herzwunde Christi, weil sie zuhause in ihren Familien das Herz der Welt bildeten, womit gemeint ist, daß sich die gesamte Menschheit über fromme Familien entsühne und heilige, und auf diese Weise des Liebestodes Christi würdig werde (vgl. Spink, S. 175).

Heilig werden ist für Mutter Teresa mit Selbstaufgabe und dem Verzicht auf alles Irdische verbunden, weil das Selbst und die Welt die Seele von Gott trennen: «Verzichten heißt, meinen freien Willen, meine Vernunft, mein eigenes Leben in lauterem Glauben darbieten. […]. Verzicht ist auch Liebe. Je mehr wir verzichten, desto mehr lieben wir Gott und die Menschen. […] Jesus verlangt, daß ich mein ganzes Vertrauen auf ihn allein setze. Ich muß auf meine eigenen Wünsche verzichten, um an meiner Vervollkommnung zu arbeiten. [Ich muß] mich ihm

ganz ausliefern [...]. [Ich darf nicht] genau wissen wollen, wo
ich auf dem Weg zur Heiligkeit stehe. Ich bitte ihn, aus mir eine
Heilige zu machen, und überlasse ihm die Auswahl der Mittel,
die dorthin führen.» (Geistliche Texte, S. 89). An anderer Stelle: «Heilig werden wollen heißt: Mich von allem entblößen,
was nicht Gott ist.» (Feldmann, S. 106)

Mutter Teresa bewegt sich mit ihren Ansichten und Methoden zur Selbstheiligung selbstverständlich innnerhalb der
christlichen Tradition, doch weist auch hier die Dominanz des
Sühnegedankens unter dem Aspekt des wechselseitigen Lei-
densausgleichs durch Werkausgleich auf die jesuitischen Wurzeln ihrer Spiritualität zurück. Der ignatianische Weg zur
Selbstheiligung beginnt mit der Reflexion der Liebeswerke
Gottes an den Menschen, der Gegenüberlegung, was der
Mensch für Gott tut, und dem Entschluß, die geschuldete Dif-
ferenz auszugleichen. Es gelte abzuwägen, «wieviel Gott unser
Herr für mich getan hat und wieviel Er mir von dem gegeben,
was Er besitzt, und folgerichtig, wie sehr derselbe Herr danach
verlangt, Sich selbst mir zu schenken, soweit Er es nur vermag [...]. Und dann mich zurückbesinnen auf mich selbst, indem ich mit vielen Gründen der Vernunft und der Gerechtigkeit erwäge, was ich von meiner Seite Seiner Göttlichen Maje-
stät anbieten und geben muß, nämlich alles, was ich habe, und
mich selber damit, wie einer, der sich mit großer Hingebung
darbringt: Nimm hin, Herr, und empfange meine ganze Freiheit, mein Gedächtnis, meinen Verstand und meinen ganzen
Willen, meine ganze Habe und meinen Besitz; Du hast es mir
gegeben, Dir, Herr, gebe ich es zurück; alles ist Dein, verfüge
nach Deinem ganzen Willen; gib mir Deine Liebe und Gnade,
das ist mir genug.» (Exercitia Spiritualia, Nr. 234)

Das Zweite Vatikanum stellte den jahrhundertelang domi-
nanten Sühnegedanken zugunsten des communio-Gedankens,
des Gemeinsam-mit-Gott-Seins, zurück. Mutter Teresas Werk
wurde von der Öffentlichkeit hauptsächlich unter dem modernen communio-Paradigma wahrgenommen, als von Liebe ge-
tragenes Zusammensein von Menschen verschiedenen Glau-
bens und verschiedener Herkunft, die sich ihres gemeinsamen

Kerns – Geschöpf Gottes zu sein – besinnen und deshalb Gott in sich und in die Welt tragen. Diese Interpretation schien auch Mutter Teresas Gleichsetzung des leidenden Jesus mit jedem Ärmsten der Armen, ihr Beispiel und ihr Aufruf, ihnen zu helfen, nahezulegen. Deshalb deutete die Öffentlichkeit auch ihre Werke als selbstlosen Sozialdienst und konnte umgekehrt ihren Protest dagegen in seiner spirituellen Tiefe nicht erfassen. Mutter Teresa trug auch nicht viel dazu bei, der Öffentlichkeit ihre weit zurückreichenden geistlichen Wurzeln und den Zweck ihrer Mission begreiflich zu machen und sie die communio als Propädeutik heiligender Entsühnungswerke erkennen zu lassen.

5. Spiritualität

Leid und Elend verehren

Was alle die von Mutter Teresa gegründeten religiösen Gemeinschaften verbindet, ist ihr gemeinsames Ziel, nämlich «das unendliche Verlangen des gekreuzigten Christus nach Seelenliebe zu stillen» (Spink, S. 43). Das Kruzifix mit den Kreuzesworten «I thirst», das sich in den Kapellen befindet, repräsentiert diesen Kernsatz und soll helfen, die Meditation darüber nicht abbrechen zu lassen. Der Durst Jesu wird mit Werken der Nächstenliebe gelöscht, die sämtliche Werke der geistigen und leiblichen Barmherzigkeit umfassen, und mit Buß- und Opferwerken, zu denen Sühnemaßnahmen und Gebete zählen. Die Verehrung der Leiden Christi wurde, wie die Verehrung seiner Herzwunde auch, im Spätmittelalter zu einer beliebten, zunächst auf den monastischen Bereich konzentrierten Andacht, aus der sich zahlreiche neue Frömmigkeitsformen entwickelten. Die Ursache war ein neues Christusbild, das den eigentlichen Schlüssel zu Mutter Teresas leidenszentrierter Spiritualität darstellt.

Die frühchristliche Vorstellung vom Kreuz als Siegeszeichen und Christus als einem aufrecht am Kreuz stehender Herrscher, dessen Haupt eine Königskrone ziert und keine Spur von Leiden zeigt, wurde im 12. Jahrhundert allmählich durch die Vorstellung des leidenden und daher bemitleidenswerten Christus ersetzt. Bernhard von Clairvaux (1190/91–1153) stand am Anfang dieses Paradigmenwechsels, der die Begegnung mit dem herrschenden Gott in den Bereich des persönlich Erfahrbaren rückte und so die Möglichkeit eines affektiven, intimen Zugangs zu Gott schuf. Das Nachdenken über den Mensch gewordenen Gott, der für jeden einzelnen Menschen aus Liebe schlimmste körperliche und seelische Qualen litt, um ihn durch seinen Tod zu erlösen, ruft in jedem Christen Mitleid mit dem gekreuzigten Gott und Gegenliebe zu ihm hervor. Auf diese Weise wird Gott «von der eigenen Seele» real als Liebe erlebt. Gott offenbart sich der Seele also als Liebender und als Leidender, und die Seele erschließt sich Gott durch die mystische Betrachtung seiner Liebe und seines Leidens und entbrennt dabei selbst in Liebe und in Mitleid.

Diese innerseelische Christuserfahrung bildete die neue spätmittelalterliche Leidensfrömmigkeit aus, die zu neuen Andachtsformen führte, etwa zur Verehrung der «fünf Wunden», der «Leidenswerkzeuge», des Herzens Jesu oder des «leidenden Heilands». Die Intensität der mystischen Gotteserfahrung durch die Betrachtung des aus Liebe leidenden Gottes fand noch im 20. Jahrhundert, etwa durch Stigmatisierungen – seien sie «echt» oder «unecht» –, ihren Ausdruck. Während der Katholischen Reform im 17. Jahrhundert und der Katholischen Restauration im 19. und frühen 20. Jahrhundert wurde die Leidensfrömmigkeit von der Kirche intensiv gefördert. Sie ist auch heute noch in konservativen Gruppierungen und im monastischen Bereich beliebt, doch wurde sie nach dem Zweiten Vatikanum nirgends mehr so entschlossen und so offen in den Vordergrund gestellt wie von Mutter Teresa, deren Spiritualität von Jugend an um die Süße des Leidensgedankens kreiste. Allerdings geschah dies in einem pragmatischen Sinn, denn Mutter Teresa hatte zeitlebens für theoretische Theologie wenig übrig. Sie war vom spirituellen Habitus der Leidensfrömmigkeit durchdrungen und praktizierte deren spezielle Art der Gottesbegegnung in ihrem Alltag. Natürlich verankerte sie

ihre Leidensfrömmigkeit in der Lebens- und Gebetspraxis ihrer Orden, und sie konnte dies tun, ohne sich dem Vorwurf
auszusetzen, innovative Wege beschreiten zu wollen. Die spätmittelalterliche Selbstvergegenwärtigung der Leiden Christi
war von den Jesuiten zu einer ordensspezifischen Meditations-
technik ausgebaut worden, die ihr Ordensgründer Ignatius von
Loyola (1491–1556) entwickelt hatte und die unter der Bezeichnung «Exercitia spiritualia» (Geistliche Übungen) nach wie vor
durchgeführt wird. Mutter Teresa, die sich ja zeitlebens im
Umfeld der Jesuiten bewegte, war in diesen Übungen natürlich
selbst erfahren und sah sie auch für ihre eigenen Orden vor.
Daneben empfahl sie aber auch noch einfachere und viel ältere
Andachtsübungen zum inneren Erleben des Leidens Christi.

Beispielsweise sieht eine schon im 14. Jahrhundert in Frauenklöstern gebräuchliche Andachtsübung vor, daß die Nonne
u. a. beim Zuknöpfen ihres Kragentuchs an das Seil denken
sollte, das Christus um den Hals gelegt wurde, beim Aufsetzen
ihrer Haube an die Krönung Christi mit der Dornenkrone und
bei der Pflege einer Kranken an eine Erfrischung, die sie Christus reiche. Derartige Gedankenspiele dienen dazu, die Meditation des leidenden Herrn bei der Arbeit außerhalb der Gebetszeiten und damit den direkten Kontakt zu ihm nicht zu
unterbrechen. Mutter Teresa erlegte den Schwestern genau solche Andachtsübungen auf, denn ihre Aufgabe sei es, «das stän-
dige Bewußtsein göttlicher Gegenwart überall und in jedem,
besonders in unserem eigenen Herzen» (Spink, S. 97), zu
entfalten. Beim Anlegen ihrer Sandalen sollten sie sich an ihr
Versprechen erinnern, Christus bedingungslos überallhin zu
folgen; ihr Schulterkreuz sollte sie an die Leidens- und Liebesgemeinschaft mit dem Gekreuzigten denken lassen. Auch mit
Maria, mit der sie sich über ihr Patronat besonders identifizie-
ren, empfahl Mutter Teresa, fortwährend geistliche Verbin-
dung zu halten: mit dem Sari schlüpfen sie in Marias Mantel
der Demut, ihr Gürtel erinnert sie daran, die Reinheit Marias
anzustreben, zum Rosenkranz, der ihnen die Freuden, Leiden
und die Glorie Mariens vergegenwärtigt, sollen sie bei jeder
Gelegenheit greifen (vgl. Spink, S. 94). Auch den Ärmsten der

Armen werden diese Frömmigkeitsübungen als Leidensbeglei-
tung und Entsühnungsmaßnahme empfohlen: «Wenn ich diese
schrecklichen Kopfschmerzen bekomme, teile ich sie mit Jesus
und leide wie er, als er mit der Dornenkrone gekrönt wurde.
Wenn ich die schrecklichen Rückenschmerzen bekomme, so
teile ich sie mit ihm, der am Pfahl gegeißelt wurde. Und wenn
ich Schmerzen in meinen Händen und Füßen bekomme, teile
ich sie mit ihm, der ans Kreuz geschlagen wurde.» (Spink,
S. 245) Sie sind aber auch bei der Gewissenserforschung hilfreich: «Stammen die Nägel von mir? Ist der Speichel in seinem
Antlitz von mir? Welche Stelle seines Leibes und seines Geistes
hat meinetwegen gelitten?» (Feldmann, S. 103)

Die ignatianischen Übungen sind aufwendiger. Bei ihnen
werden durch Selbstsuggestion Episoden aus dem Leben und
dem Leiden Jesu mit «den inneren fünf Sinnen» so naturgetreu
und intensiv wie möglich nacherlebt und danach einer geistlichen Erkenntnis zugeführt. Mit den «inneren fünf Sinnen»
bedeutet, innerlich zu spüren, wie das Blut Jesu über seine
Wangen rann, es in der Vorstellung zu riechen, zu sehen, zu
schmecken, seinen Atem dazu zu hören, um daraus eine zuvor
bestimmte innerseelische Disposition zu erzeugen. Diese wiederum soll insgesamt zur Reue über die eigene Schlechtig-
keit führen, daran anknüpfend zur Bußgesinnung, danach
zur Nachfolge Christi und schließlich zur Gottesliebe und zum
Einswerden mit Gott. Letzteres ist der Reflexion der Passion
vorbehalten. Die Seele wird auf diesem Weg immer reiner und
gottähnlicher, sie liebt Gott immer mehr und wird zunehmend
heiliger. Christus erwidert diese Liebe, um derentwillen er sich
kreuzigen ließ, und nimmt die Seele in sich auf. Nach den «Be-
trachtungen zur Erlangung der Liebe», einem Teil der «Exercitia spiritualia» (Nr. 230), ist darauf zu achten, die Gottesliebe
mehr in die Werke (der Barmherzigkeit bzw. der Nächstenliebe) als in die Worte zu legen. Soweit das Prinzip.

Mutter Teresa wollte, daß die höchste Stufe der Übungen, die
Meditation der Leiden Christi, bei der sich der höchste Affekt,
nämlich die Gottesliebe, einstellt, auch im Alltag nicht unter-
brochen wird. Mittels der Analogie «leidender Jesus – Ärmster

der Armen» war es möglich, den leidenden Gott den ganzen Tag
über zu betrachten ohne dabei während der Arbeiten für seine
Leidenslinderung nachzulassen und ohne bei der Betreuung der
Ärmsten der Armen den Affekt der sich steigernden Gottesliebe
zu unterbrechen. Auf diese Weise werden die Leiden Jesu ge-
sühnt, die eigene Seele entsühnt bzw. geheiligt, auch die Seele
des Ärmsten der Armen gerettet und überdies der Durst Jesu
nach Seelen gestillt. Vor ihrem frömmigkeitsgeschichtlichen
Hintergrund ist zu verstehen, warum Mutter Teresa es vehement ablehnte, in Zusammenhang mit ihren Missionsorden von
Sozialarbeit zu sprechen: «Alles, was wir tun, tun wir für Jesus.
Unser Leben hat keinen anderen Sinn und keinen anderen Be-
weggrund. Das können viele nicht verstehen. Ich diene Jesus
24 Stunden am Tag, alles tue ich für ihn, und er gibt mir die
Kraft dazu. Ich liebe ihn in den Armen und die Armen in ihm;
doch der Herr steht immer an der ersten Stelle. Jedesmal wenn
ein Besucher zu uns kommt, führe ich ihn in die Kapelle zum
Gebet und sage zu ihm: Grüßen wir zunächst den Hausherrn.
Jesus ist hier, für ihn arbeiten wir, ihm schenken wir uns. Er gibt
uns die Kraft, ein solches Leben mit Freude zu führen.» (Mutter
Teresa, Ozean, S. 10) – «Wenn ihr einem Durstigen ein Glas
Wasser reicht, gebt ihr es Jesus. Das ist eine kleine, einfache Lehre, aber richtig betrachtet, ist es die wichtigste.» (Ebd., S. 14)

Auch ihr Grundaxiom, den Durst Jesu nach Seelen durch
Dienst an den Ärmsten der Armen zu stillen, ist vor ihrer traditionellen Leidensfrömmigkeit und dem von den Jesuiten bei der
Leidensbetrachtung betonten Sühnegedanken einsichtig, zumal die lange Tradition dieser Kombination den geistlichen
Eigennutzen ihrer Meditation autorisiert – Selbstheiligung, Erlösung, ewiges Leben. So betete Mutter Teresa: «Leidender Jesus, gib, daß ich dich heute und jeden Tag in der Person deiner
Kranken erblicke; daß ich dir diene, indem ich sie pflege. [...]
Lieber Kranker, wieviel lieber bis du mir noch, weil du das Ab-
bild Christi bist; es ist eine Ehre für mich, mich mit dir be-
schäftigen zu dürfen! Oh Gott, da du der leidende Jesus bist,
sei in deiner Güte auch mir ein geduldiger Jesus, der Nachsicht
hat mit meinen Fehlern und nur sieht, daß ich dich lieben

möchte und dir in der Person jedes deiner leidenden Kinder dienen will. Herr, vermehre meinen Glauben. Segne meine Mühe und meine Arbeit, jetzt und immerdar.» (Mutter Teresa, Geistliche Texte, S. 13)

Das Vorbild der heiligen Theresia von Lisieux

Mutter Teresas spezifisches spirituelles Profil, dessen prägnantestes Merkmal ihre Leidensverehrung kombiniert mit einem umfassenden Entsühnungsmodell darstellt, ist frömmigkeitsgeschichtlich gesehen spätmittelalterlichen und jesuitischen Andachts- und Meditationsformen entwachsen. Es paßt auf niemanden so gut wie auf die von ihr seit ihrer Jugend hochverehrte Theresia von Lisieux, die in denselben geistlichen Traditionen stand und deren Vorbild Mutter Teresa Punkt für Punkt auf ihre Verhältnisse übertrug und umsetzte. Mutter Teresa war also, was ihre Spiritualität anbelangt, in keiner Weise originell, sondern orientierte sich an altbewährten kirchlichen Vorgaben. In Theresia von Lisieux fand sie alles – Tradition, Approbation und eine Identifikationsfigur. Für Mutter Teresas geistliche Entwicklung und die Ausbildung bestimmter spiritueller Präferenzen war ihre Begeisterung über die Schriften der Kleinen Theresia prägend, und sie bekannte sich auch wider ihre sonstige Gewohnheit in der Öffentlichkeit zu dieser Jugendlektüre, die sie durch ihr ganzes Leben begleitete. Auch wenn Mutter Teresas Spiritualität über deren theologische Traditionen greifbar ist, so ist doch ihre Verbundenheit mit Theresia von Lisieux hinsichtlich vieler, zunächst weniger auffälliger Details so frappant, daß sich eine nähere Betrachtung lohnt:

Theresia von Lisieux (1873–1897), deren bürgerlicher Name Marie Françoise Thérèse Martin lautete, trat mit bischöflicher Sondererlaubnis schon als Fünfzehnjährige in den Karmel von Lisieux ein, wo sie seit 1893 Novizenmeisterin war, 1896 an Tuberkolose erkrankte und im Herbst 1897 starb. 1895 begann sie auf Befehl der Oberin, ihre religiösen Erfahrungen seit ihrer Kindheit zu schildern, die als «Geschichte einer Seele» erschienenen, in sechzig Sprachen übersetzt wurden und zu den meistgelesenen katholischen Erbauungsbüchern zählten. Dieses Buch

und einige Gedichte, Gebete und Briefe reichten Papst Johannes
Paul II. hin, sie am 19. Oktober zur Kirchenlehrerin zu erheben. Sie hatte keine solide theologische Ausbildung erfahren
und die traditionellen spirituellen Wege nicht verlassen. Ihre
Texte sind daher sehr einfach geschrieben und wurden von
Mutter Teresa an ihre meist ebenfalls schlecht ausgebildeten
Schwestern und Brüder weiterempfohlen. Erst seit den fünfzi-
ger Jahren wurde eine kritische Textausgabe ediert, aus der die
redaktionellen Eigenleistungen von Theresias leiblicher Schwester und gleichzeitig geistlicher Mitschwester Pauline kenntlich
werden, doch wird diese nach wie vor so gut wie nicht benutzt.
Den von Mutter Teresa so heißgeliebten Text würde man heute
als «süßlich» und «frömmlerisch» charakterisieren, doch er-
füllte das Buch nach damaligem Zeitgeschmack alle Erwartun-
gen an ein Erbauungsbuch.

Theresia von Lisieux öffnete Mutter Teresa die Pforte ins
Kloster und in die Mission. Sie präsentierte all ihre spirituellen
Lieblingsthemen auf eine ganzheitliche, leicht verständliche,
doch gleichzeitig überaus radikale Weise im literarischen Gewand einer Seelen-Autobiographie: Selbstheiligung und steigende Gottesliebe durch vollständigen Verzicht auf die Welt
und das eigene Selbst, unausgesetzte Leidens- und Gebetsopfer,
Gehorsam, Demut, Armut. Theresias Worte könnten in vielerlei Hinsicht von Mutter Teresa stammen: «Als sich mir später
die Vollkommenheit zeigte, ward mir klar, um heilig zu werden
müsse man vieles leiden, stets das Vollkommenste anstreben
und sich selbst verleugnen. Ich sah, daß es viele Grade der Heiligkeit gibt und daß jede Seele vollständig frei ist, der Einladung
des Herrn zu entsprechen oder nicht, viel oder wenig um seiner
Liebe willen zu tun, mit einem Wort, daß sie unter den Opfern,
die er verlangt, wählen kann. Da rief ich wie einst in den Tagen
meiner Kindheit: ‹Mein Gott, ich wähle alles! Nicht nur halb
will ich heilig sein. Mir bangt nicht, für dich zu leiden. Nur
eines fürchte ich: meinen Eigenwillen. Nimm ihn, denn ich
erwähle alles, was du willst.» (Geschichte einer Seele)

Sogar ihr Ordensmantra «Mich dürstet!» übernahm Mutter
Teresa von der kleinen Theresia, die es ebenfalls in den Kon-

text von eigenen und fremden Leidensopfern zur Selbstheiligung und zur Heiligung der Welt setzte. Die Einbindung von Dritten in die Beziehung zwischen der eigenen Seele und Gott zur entsühnenden Linderung der Leiden Christi ist auch bei Theresia von Lisieux Ursprung, Inhalt und Legitimierung der Mission. Jesus zu trinken zu geben heißt für sie auch, ihm Seelen zuzuführen bzw. zu missionieren, dabei in Gottesliebe zu erglühen und heilig zu werden. Auch ihr emphatischer Stil, der den Duktus spätmittelalterlicher Mystikerinnen nachahmt und terminologisch auf die Herzverehrung Bezug nimmt, verdient mit Blick auf Mutter Teresa Beachtung: «Als ich eines Sonntags am Schluß der Messe mein Gebetbuch schließen wollte, glitt eine Photographie etwas heraus, die den Herrn am Kreuze vorstellte, und zwar so, daß ich nur eine der durchbohrten, blutenden Hände sah. Da empfand ich etwas vorher Unbekanntes, Unaussprechliches. Mein Herz brach vor Schmerz beim Anblick dieses kostbaren Blutes, das zur Erde träufelte, ohne daß sich jemand bemühte, es zu sammeln. Ich beschloß, im Geiste beständig am Fuße des Kreuzes zu verweilen, um diesen Himmelstau in Empfang zu nehmen und ihn dann über die Seelen auszugießen. Von diesem Tage an klang das Wort des sterbenden Heilandes: ‹Mich dürstet!› beständig in meinem Herzen wider und entfachte dort nie gekannten, glühenden Eifer. Ich wollte meinem Vielgeliebten zu trinken geben. Ja, ich fühlte mich selbst von dem Durste nach Seelen verzehrt. Um jeden Preis wollte ich die Sünder dem ewigen Feuer entreißen. [...] Seit dieser unvergleichlichen Gnade wuchs mein Verlangen, Seelen zu retten, von Tag zu Tag. Mir war, als hörte ich Jesus mir leise sagen, wie einst der Samariterin: ‹Gib mir zu trinken!› Es war ein wahrer Liebesaustausch. Den Seelen bot ich das Blut Jesu dar und opferte dann eben diese Seelen Jesus auf, nachdem sie der Tau Kalvarias erfrischt hatte. So hoffte ich den Durst des Herrn zu löschen. Je mehr ich ihm aber zu trinken gab, um so mehr nahm der Durst meiner eigenen armen kleinen Seele zu, und diesen brennenden Durst betrachtete ich als die köstlichste Belohnung.» (Geschichte einer Seele)

Das Entsühnungsprogramm aus stellvertretenden Gebeten und Leiden, das sich in Mutter Teresas kontemplativen Gründungen, im Verband der kranken und leidenden Mitarbeiter oder in geistlichen Patenschaften für Missionare und Priester Ausdruck verschaffte, findet sich bei Theresia von Lisieux in einer Art Vorstadium. Sie übernahm als Kranke mit großem Eifer, wenn auch in viel kleinerem Stil, geistliche Patenschaften für Missionare und Priester: «Ich opfere die Beschwerden dieses Spazierganges für einen Missionar auf. Ich bedenke, daß vielleicht in weiter Ferne ein solcher fast erschöpft seine apostolischen Wanderungen fortsetzt und ich opfere meine Ermüdung Gott auf, um die seinige zu mindern.» Oder kurz vor ihrem Tod: «Mutter, der Kelch ist bis an den Rand gefüllt! Nein, nie hätte ich für möglich gehalten, daß man so viel leiden könne … Ich vermag es mir nur durch mein außerordentlich großes Verlangen nach Rettung der Seelen zu erklären.» Mutter Teresa soll im Krankenhaus zeitweise die Einnahme von Schmerzmitteln abgelehnt haben, weil sie «ihre Schmerzen Gott darbringen» wollte (Spink, S. 226).

Theresia von Lisieux gewann jedoch nicht nur ihrem eigenen Leid, sondern, ganz wie Mutter Teresa, auch fremdem Leid viel Freude ab. So schrieb sie nach dem Tod ihres Vaters, der drei Jahre als Pflegefall litt: «Später, im Himmel, werden wir gern von diesen dunklen Tagen der Verbannung reden. Ja, die drei Jahre des Martyriums unseres Vaters scheinen mir die lieblichsten, die fruchtbarsten unseres Lebens. Ich tauschte sie nicht für die erhabensten Entzückungen ein. Angesichts dieses kostbaren Schatzes ruft mein Herz voll Dankbarkeit: Sei gepriesen, o Herr, für diese in Schmerzen verbrachten Jahre!» (Geschichte einer Seele) – «Ich dürste danach, zu leiden und verachtet zu werden.» (Ebd.) Für Mutter Teresas entsühnende Christusbegegnung im Leid ist kein besseres Vorbild als Theresia von Lisieux denkbar. Auch für sie ist Christsein erlösende Leidensfreude: «Das Leiden selbst ist nichts; aber das Leiden, das wir mit Christus gemein haben, ist ein wunderbares Geschenk. Das schönste Geschenk für den Menschen ist, daß er am Leiden Christi teilnehmen kann. [...] Die Nachfolge Christi ist untrennbar vom Kreuz auf dem Kalvarienhügel. Ohne unser Leiden wäre unsere Arbeit nur Sozialarbeit, sehr gut und hilfreich, aber nicht das Werk Jesu Christi.» (Spink, S. 174)

Nach Mutter Teresa hatten ihre leidensprivilegierten Schwestern – genau wie die leidensfrohe Theresia von Lisieux nach eigenen Aussagen – allen Grund zur Heiterkeit: «Meine lieben Kinder, laßt uns Jesus mit ganzem Herzen und ganzer Seele lieben. Laßt uns ihm viele Seelen bringen. Lächelt. Lächelt Jesus in Eurem Leiden an – denn, um eine echte Missionarin der Nächstenliebe zu sein, müßt Ihr fröhliche Opfer sein. Ihr müßt nichts Besonderes tun, nur Jesus erlauben, sein Leben in Euch zu leben, indem Ihr hinnehmt, was immer er gibt, und gebt, was immer er nimmt, mit einem strahlenden Lächeln.» (Spink, S. 173) Oder: «Lächelnde Novizinnen [...] ich kann die Musik eures freudigen Lachens hören. Lernt, meine Kinder, heilig zu sein, denn wahre Heiligkeit besteht darin, Gottes Willen mit einem Lächeln zu tun.» (Spink, S. 97) Die absolute Hingabe, die dazu nötig ist und die durch Meditation auch trainiert wird, beschrieb Theresia von Lisieux so: «Seit einiger Zeit hatte ich mich dem Jesuskind als sein kleines Spielzeug angeboten. Ich hatte es gebeten, mich nicht als einen kostbaren Gegenstand zu behandeln, den die Kinder nur ansehen dürfen, ohne ihn zu berühren, sondern als einen wertlosen kleinen Ball, den es zu Boden werfen, mit den Füßen stoßen, durchbohren, in einem Winkel liegen lassen oder an sein Herz drücken könne. Mit einem Wort, ich wollte das Jesuskind ergötzen und mich seinen kindlichen Einfällen überlassen.» (Geschichte einer Seele) Im Vergleich dazu Mutter Teresa: «Ich bin sozusagen sein [= Gottes] Bleistift, ein kleiner, unbedeutender Bleistiftstummel in seiner Hand, mit dem er schreibt, was er will.» (Feldmann, S. 90)

Ebenfalls auf Theresia von Lisieux geht der von Mutter Teresa gepriesene sogenannte «kleine Weg» zurück, der bedeute, «Blumen zu streuen». Darunter sind unausgesetzte Opfer und Liebeszeichen für Christus zu verstehen, die auch sehr klein sein können. Mutter Teresa sprach auch von «Tropfen im Ozean, die jedoch im Ozean fehlen würden, gäbe es sie nicht.» Da Gott mit jedem Atemzug gedient und geopfert werden soll, sei-

en die üblichen Liebesdienste meist unbedeutend vor seiner
Größe, eben nur «Blumen». Nicht so sehr das Gelingen oder
die Größe eines Liebesdienstes sei entscheidend, sondern die
Liebe, die hinter ihm steht. Mutter Teresa zog den entsprechenden Passus bei Theresia von Lisieux sogar zur Erklärung der
Ordenskonstitutionen heran: «Ich habe kein anderes Mittel,
Dir [= Christus] meine Liebe zu beweisen, als Blumen zu streu-
en. Das heißt, ich will mir kein einziges kleines Opfer entgehen
lassen, keinen Blick, kein Wort. Ich will die geringsten Hand-
lungen benützen und sie aus Liebe vollbringen. Aus Liebe will
ich leiden und mich selbst aus Liebe freuen. So werde ich Blumen streuen. Keiner einzigen will ich begegnen, ohne sie für
dich zu entblättern.» (Geschichte einer Seele; Mutter Teresa,
Geistliche Texte, S. 84)

Es sei darauf hingewiesen, daß sogar die Gründung der «Lay
Missionaries of Charity», die Mutter Teresa 1988/89 – ein Jahr
nach dem «Jahr der Laien» 1987 – gründete, in mittelbarem Zusammenhang mit Theresia von Lisieux zu sehen ist. Deren Eltern, Louis und Zélie Martin, erfuhren nach dem großen Erfolg
des Erbauungsbuchs ihrer Tochter wie diese selbst kultische
Verehrung und bekamen ihre Legende. Derzufolge wollten beide Elternteile ursprünglich ins Kloster gehen; sie lebten lange
Zeit in ehelicher Keuschheit, vollzogen auf Anraten eines Prie-
sters die Ehe und bekamen infolgedessen in dreizehn Jahren
neun Kinder, von denen fünf Nonnen wurden und vier starben.
Natürlich drehte sich alles in der Familie nur um Kirche und
Religion, und selbstverständlich hatten die Eltern viel zu leiden.
Zélie gehörte dem Dritten Orden der Franziskaner an, Louis
arbeitete in mindestens vier kirchlichen Gruppen mit. 1974
wurde beider Seligsprechungsverfahren begonnen, 1989 lag die
Positio (Antrag) vor. Mutter Teresa rechnete zum Zeitpunkt der
Gründung ihrer Laiengemeinschaft damit, daß das Verfahren
zu einem positiven Abschluß kommen würde, doch dann stock-
te es, weil die römische Ritenkongregation nicht klären konnte,
ob Theresias Eltern als Ehepaar oder als Einzelpersonen zu behandeln seien. Dies und die Tatsache, daß es sich um die mög-
liche – und überaus seltene – Beatifikation von Laien handelt,

verleiht dem Verfahren eine eigene Note. Die Anerkennung des heroischen Tugendgrades der Martins erfolgte 1994, die Seligsprechung ist noch nicht abgeschlossen. Mutter Teresas Laienmissionare der Nächstenliebe, die es ebenfalls vorziehen, in ehelicher Keuschheit zu leben und ihren Alltag, soweit es möglich ist, einem klösterlichen Leben angleichen wollen, stehen unter dem Patronat der Heiligen Familie und hätten in der «seligen Familie Martin» ein «modernes» Vorbild bekommen sollen.

Die Leidensfrömmigkeit und das Entsühnungskonzept der Theresia von Lisieux spielt in der Religiosität konservativer katholischer Kreise, die an der allmählichen Zurücknahme bestimmter Reformen des Zweiten Vatikanums arbeiten und innerhalb der Kirche immer mehr Sympathien gewinnen, eine große Rolle. Dies zeigt sich auch an ihrer späten Erhebung zur Kirchenlehrerin durch Papst Johannes Paul II., dem, wie Mutter Teresa und Theresia von Lisieux auch, an der heiligenden Entsühnung der Welt gelegen war und der zu diesem Zweck die Zahl der heiligen Fürbitter im Himmel, also der Märtyrer und Heiligen, verdoppelte. Während Mutter Teresas spirituelles Profil der Öffentlichkeit kaum einsehbar war und ihre hingebungsvollen sozialen Leistungen auf sie zukunftsweisend und überzeugend wirkten, erschien ihr umfassendes Entsühnungsmodell restaurativ gesinnten innerkirchlichen Zirkeln, die verständiger zuhörten, gerade aufgrund ihres Konservativismus zukunftsweisend und überzeugend.

6. Im Kreuzfeuer der Kritik

Über Geld spricht man nicht

Wie gesagt, stand Mutter Teresa in einem bemerkenswerten Verhältnis zur göttlichen Vorsehung in Finanzfragen, und dies von Anfang an. Ihre Hagiographen beteuerten, sie sei ganz auf sich selbst – Bettelei – und Spenden angewiesen gewesen, und veröffentlichten in ihren Büchern Mutter Teresas Kontakt- und

Spendenadressen in den Geberländern gleich mit. Es handelte sich dabei natürlich um einen legendarischen Topos zur Demonstration von Mutter Teresas vorbildlicher Gottergebenheit, denn sie wurde ja finanziert, bis sich ihr Orden dank ihrer Publicity selbst finanzieren konnte. Dieser Topos brachte jedoch auch irdische Vorteile – er trug dazu bei, daß sich Menschen in aller Welt jahrzehntelang aufgerufen fühlten, für ihr gutes Werk zu spenden, zumal Mutter Teresa ständig betonte, es grundsätzlich abzulehnen, regelmäßige finanzielle Zuwendungen, Einkünfte oder Zuschüsse von Regierungen oder Institutionen anzunehmen. «Daueraufträge bedeuten Sicherheit, ich aber will von Gottes Vorsehung abhängen!» (Feldmann, S. 91) Sogar noch kurz vor Auflösung ihres Mitarbeiter-Verbandes sprach Mutter Teresa über die Wertschätzung, die sie jeder Spende, ob groß oder klein, entgegenbringe, wenn sie nur nicht regelmäßig einginge: «Um unser Werk aufrechtzuerhalten, benötigen wir viel Geld. Die Vorsehung denkt daran, es uns durch großzügige Menschen, die mit uns arbeiten möchten, zukommen zu lassen. So leben wir von Liebesgaben, von Almosen, von kleinen Gesten der Liebe tausender Menschen. Damit wir es nicht an Vertrauen auf die Vorsehung fehlen lassen, akzeptieren wir weder regelmäßige Hilfen, gleich welcher Art, noch Darlehen, noch Einkommen oder Subventionen. Ich will nicht, daß die Leute sich verpflichten, uns periodisch, etwa wöchentlich oder monatlich, bestimmte Summen zukommen zu lassen. Feste Einkünfte würden es uns ermöglichen, Programme zu entwerfen und Projekte zu planen, doch mit solchen Begünstigungen wären wir nicht mehr Kinder der Vorsehung.» (Allegri, S. 137)

Der aufgelöste Mitarbeiter-Verband hatte die Bedingung erfüllt, keine regelmäßigen Zahlungen aus Liebe zu leisten, weil die einzelnen Dependancen ihre Gelder und Hilfsgüter erst durch Spendenaktionen zusammenbringen mußten. Noch erstaunlicher klang in den Ohren aufmerksamer Zuhörer Mutter Teresas Widerstand, mit einem regelmäßigen Einkommen ihre Ordensarbeit organisieren, gezielte Hilfsmaßnahmen entwickeln und diese auch planungsgemäß durchführen zu können. Am eigenwilligsten aber erschien ihnen, was Mutter Teresa unter festen Einkünften oder der Vorsehung verstand. Der Orden verfügte nämlich von Anfang an über regelmäßige Zuwendungen: das Sterbehaus beispielsweise wurde von der indischen Regierung mit 150 000 Rupien jährlich subventioniert, die Häuser bzw. Wohnungen der Missionarinnen müssen ihnen kostenlos von der Diözese oder dem Staat zur Verfügung gestellt werden – andernfalls kommen sie nicht –, ihre Einrichtungen zur Versorgung der Ärmsten der Armen werden ebenso wie der Lebensunterhalt der Schwestern dauerhaft finanziert oder zumindest mitfinanziert, was kein großes Problem darstellt, weil eine Dependance durchschnittlich von nur vier oder fünf Schwestern bewohnt wird, diese bescheiden leben und ihre Sozialeinrichtungen, ob es sich um Pflegeeinrichtungen oder um Suppenküchen handelt, kostengünstig geführt werden; sie sind bescheiden ausgestattet, und entsprechend bescheiden sind die Dienste der Schwestern. Mutter Teresa verfügte, wie gezeigt wurde, von Anfang an über gute Kontakte zur indischen Regierung, zur Kurie und zu internationalen Wohlfahrtsverbänden. Sie wurde vom Deutschen Caritasverband in Freiburg (Breisgau), von Missio in Aachen und München, von Misereor und Adveniat, um nur die deutschen Hilfsorganisationen zu nennen, regelmäßig für ihre Arbeit in Indien und der übrigen Dritten Welt mit sehr hohen Beträgen unterstützt. Missio in Aachen gibt an, von 1989 bis 2005 insgesamt 1 829 800 Euro an Mutter Teresas Orden ausgezahlt zu haben, und gehört damit noch längst nicht zu den größten Spendern. Allein das Katholische Ärztliche Missionsamt (CMMB) in New York bewilligte ihr zwischen 1970 und 1976 Lieferungen nach Indien im Wert von mehr als 7 Millionen US-Dollar, wofür sich Mutter Teresa auch persönlich auf einer Reise nach New York bedankte. (Ihre Preisgelder und die zahllosen Einzelspenden von Privatpersonen oder -initiativen sind natürlich nicht zu den regelmäßigen Festeinkünften zu zählen.)

Eine hagiographisch aufbereitete Episode gibt einen Hinweis darauf, wann Mutter Teresa regelmäßige finanzielle Zuwendungen ablehnte: die indische Regierung war bereit, ihr pro Pflegekind 35 Rupien monatlich, wöchentlich oder täglich – die

Hagiographen sind sich hier nicht einig – zu bezahlen, wenn sie ihrerseits bereit gewesen wäre, turnusmäßige Kontrollen zu gestatten und über die Ausgaben Buch zu führen. Mutter Teresa lehnte dies mit der Begründung ab, der Verwaltungsaufwand wäre zu hoch und hätte mit christlicher Nächstenliebe nichts zu tun, zumal sie nicht mehr als 17 Rupien pro Kind auszugeben gedenke. Die Geschichte sollte Mutter Teresas handlungsorientierten Pragmatismus unterstreichen, sie läßt jedoch auch darauf schließen, daß sie dann auf regelmäßige Einnahmen verzichtete, wenn damit Außenstehenden Einblicke oder Eingriffe in die Verwaltung und die Buchführung ihres Ordens gewährt werden mußten. Ihr Freund, der indische Minister B. C. Roy, soll Mutter Teresa die Leitung von vier staatlichen (und damit nicht-christlichen) Obdachlosenheimen angetragen und ihr angeboten haben, ihre dortige Buchführung nicht überprüfen zu lassen, was Mutter Teresa jedoch mit der Begründung, keine Schwestern erübrigen zu können, ablehnte; sie behauptete übrigens gleichzeitig, die Zahl der Schwestern und ehrenamtlichen Helfer steige rasant.

In die Schlagzeilen geriet Mutter Teresa aufgrund ihres harmonischen Verhältnisses zu Jean-Claude Duvalier, dem Diktator von Haiti, der ihr 1981 den höchsten Staatspreis verlieh und eine großzügige Geldspende überreichte. Duvalier hatte seine Ausbildung bei den «Brüdern der Christlichen Schulen» erhalten und zeigte sich der Kirche gegenüber aufgeschlossen, während er seine Macht mit den berüchtigten paramilitärischen «Tonton Macoutes» sicherte und Oppositionspolitiker verhaften ließ. Er mußte sich 1986 nach Frankreich ins Exil begeben. Dorthin transferierte er 120 Millionen US-Dollar Staatsgelder, derer sich hauptsächlich seine (später von ihm geschiedene) Frau bediente. Ein weiterer guter Bekannter Mutter Teresas, der ebenfalls nur ausnahmsweise von ihren Hagiographen erwähnt wird, war Charles H. Keating jr., ein amerikanischer Milliardenbetrüger, der ihr 1,25 Millionen US-Dollar schenkte. Sein Großkonzern für spekulative Immobilien- und Großinvestitionsgeschäfte, dessen wertlose Anteile er an Partner und Kleinsparer verkauft hatte, war wegen Scheingeschäften pleite gegangen. Der Schaden wurde anfangs auf über drei Milliarden US-Dollar beziffert, Keating im Alter von 76 Jahren zu zwölf Jahren Gefängnis verurteilt (und nach sechs Jahren entlassen). Mit der von ihm gegründeten christlichen Vereinigung «Citizens for Decency the Law» trat er für eine Medienzensur ein. Mutter Teresa schätzte ihn als engagierten Christen und Bekämpfer der Pornographie, sagte zu seinen Gunsten im Prozeß gegen ihn aus und lehnte die Bitte der Staatsanwaltschaft ab, die an sie ergangene Spende an die betrogenen Kleinsparer zurückzugeben.

Ihr Orden legte also Wert auf Verschleierung seiner Finanzen. Die Auflösung des Mitarbeiter-Verbandes, dessen Spendenverwaltung freilich auch höchst undurchsichtig war, trug dazu ebenso bei wie die Einrichtung ihrer Spendenzentralen in Kalkutta und Rom. Mutter Teresa wird dafür bis zum heutigen Tag kritisiert, zumal in vielen Ländern – darunter auch Indien oder Deutschland – für Hilfsorganisationen die Verpflichtung besteht, ihre Finanzen offenzulegen. Mutter Teresas Orden ignorieren dies bis zum heutigen Tag weltweit, weil sie sich davon nicht betroffen sehen. Das Nachrichtenmagazin *Stern* veröffentlichte 1998 (10. September) die Ergebnisse einer intensiven diesbezüglichen Recherche unter dem Titel «Nehmen ist seliger denn geben», wo es u. a. heißt: «[...] Ob das zuständige Finanzministerium in Neu Delhi die Unterlagen kennt, ist ungewiß. Auf Anfrage des *Stern* gab das Ministerium bekannt, die Regierung habe diese Frage als ‹geheim› eingestuft. In Deutschland hat der Orden sechs Niederlassungen. Auch hier bleiben die Finanzen streng geheim. ‹Das geht niemanden was an, wieviel Geld wir haben›. [...] Bis 1981 hatte Maria Tingelhoff die Buchführung für den Orden in Deutschland ehrenamtlich in Feierabendarbeit übernommen. ‹Drei Millionen kamen da im Jahr schon zusammen›, erinnert sie sich. [...] Die vermutlich ertragreichste Niederlassung ist das Haus «Heiliger Geist» in der New Yorker Bronx. Susan Shields diente dem Orden dort [...]. ‹Wir verbrachten einen großen Teil der Tage damit, Dankbriefe an die Spender zu verfassen und die Schecks zu bearbeiten›, sagt sie. Jede Nacht mußten bis zu 25 Schwestern mehrere Stunden lang Spendenquittungen schreiben. [...] Schwester Virgin erinnert sich, daß in einem Jahr etwa 50 Millionen US-Dollar auf dem Girokonto in New York aufgelaufen waren [...] in einem Jahr, in einem vorwiegend nicht-katholischen Land.»

Die jährlichen Spendeneinnahmen der Orden Mutter Teresas sind nicht zu schätzen, auch wenn im *Stern* vermutet wurde, daß «das weltweite Mitleid mindestens 100 Millionen US-Dollar auf die Konten des Ordens [spült]». Der Orden macht aber auch keine Angaben über die Höhe der Spendenausgaben. Obwohl niemand sein Gesamtvermögen kennt, gilt er als der reichste Orden der Welt. Nur für England sind einige Zahlen bekannt. Danach verbuchte er 1991 Spendeneinnahmen von umgerechnet 5,3 Millionen D-Mark und gab davon gerade 7 Prozent aus, führte also 360 000 D-Mark dem Spendungszweck zu. Die Niederlassungen überweisen ihre Überschüsse an das Mutterhaus oder die Zentrale in Rom. Es ist daher nicht erstaunlich, daß Gerüchte aufkamen, nach denen der Orden die Spenden nicht für die Armen ausgebe, sondern aus unbekannten Gründen auf einem geheimen Konto der Vatikanbank horte. Derartige Vermutungen blieben bislang unkommentiert. Daß sie den Finanzen des Ordens oder dem hohen Ansehen Mutter Teresas noch schaden können, darf bezweifelt werden.

Das Labyrinth der Sozialdienste

Mit der Frage nach dem Verbleib der Spenden hängt auch die Frage nach dem Wert und Umfang der Dienstleistungen von Mutter Teresas Orden für die Ärmsten der Armen zusammen. Auch dieses Problem stellt sich in den Augen der Ordensleitung anders dar als in den Augen außenstehender Helfer und Beobachter. Zunächst ist festzuhalten, daß Mutter Teresa stets sehr präzise Zahlen für ihre «unorganisierteste Organisation der Welt» an die Presse und ihre Hagiographen weitergab, sowohl was die Leistungen ihrer Schwestern als auch die Größe und Ausbreitung ihrer Orden betraf. Diese Zahlen jedoch widersprechen sich teils selbst, teils wurden sie in Zweifel gezogen. In jedem Fall aber ist es nicht leicht, meist sogar unmöglich, richtige Zahlen zu erheben oder falsche Zahlen zu korrigieren. Deshalb sind die Arbeitsleistung der Orden und der Erfolg ihrer

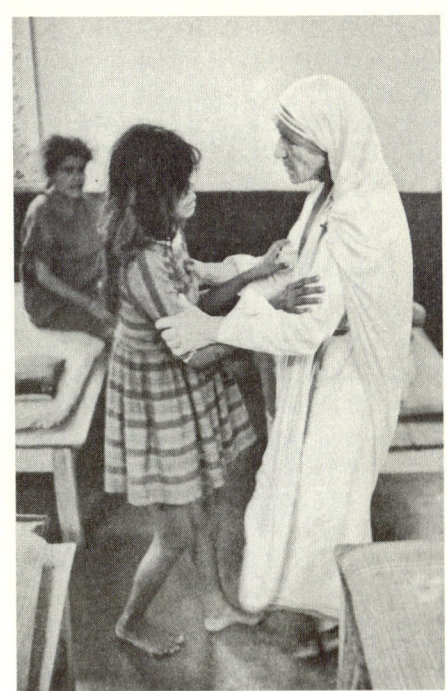

Mutter Teresa beschäftigt sich im Heim von Prem Daan, Kalkutta, mit einem geisteskranken Mädchen.

Aktivitäten kaum meßbar. Beispielsweise gab Mutter Teresas Biograph Allegri für das Jahr 1992 an, die Missionarinnen zählten 3500 Schwestern in 445 Häusern. Die *Süddeutsche Zeitung* sprach am 17. März 1997 von 568 Häusern in 120 Ländern, drei Tage zuvor aber von 4000 Schwestern in 400 Häusern. Ebenfalls 1997 sollen es nach «Geschi.de» rund 550 Häuser in 115 Ländern und 5000 Schwestern gewesen sein. Feldmann, ein weiterer autorisierter Biograph, nannte für das Jahr 1997 4600 Schwestern in 107 Ländern und fügte hinzu, daß «die Zahlen meist schon wieder überholt sind, wenn sie gedruckt werden». Am 2. März 1999 waren es nach Angabe der *Süddeutschen Zeitung* 4000 Schwestern in 123 Ländern, am 15. September 2002 nach der «Münchner Kirchenzeitung» 4500 Schwestern in 680 Niederlassungen, verteilt auf 130 Länder. Gleichzeitig gab der Orden an, seit Schwester Nirmalas Amtsantritt 85 neue Niederlassungen gegründet zu haben. Da die derzeitige Internetseite des Ordens nicht alle existierenden Niederlassungen nennt, ist es andererseits nicht auszuschließen, daß sie auch nicht mehr existierende nennt. In der Presse kann derzeit u. a. gelesen werden, daß dem Orden 4500 Schwestern angehören, die sich auf 133 Länder und 710 Häuser verteilten. Natürlich besitzen solche Zahlenvergleiche keine sachliche «Brisanz», doch zeigen sie, wie schwer Mutter Teresas Orden im Gegensatz zu anderen Orden zu greifen ist, und dies, obwohl auf ihm eine große Verantwortung für hohe Spendeneinkünfte ruht, die, so Kritiker, zur Seriosität verpflichte.

Besonders schwer ist es, den Umfang und die Qualität der Sozialarbeit objektiv zu beurteilen, denn hier stehen die Angaben der Missionarinnen in eklatantem Widerspruch zu den Wahrnehmungen von Besuchern und Kritikern. Die Orden verstehen sich als Missionseinrichtungen und nicht als professionell arbeitende Sozialstationen, weshalb sie die Vorwürfe, die Schwestern nicht annähernd ihren medizinischen Aufgaben entsprechend auszubilden, zurückweisen. Wer Sozialarbeiter werden wolle, habe bei den Missionarinnen nichts verloren, so noch heute Schwester Nirmala. Trotzdem legte Mutter Teresa Wert darauf, Leistungen vorzuweisen, und zwar so detailliert, daß die Unwahrscheinlichkeit ihrer Angaben für die Kritiker greifbar war. 1984 hat der Orden nach eigenen Angaben vier Millionen Leprakranke allein in den mobilen Leprakliniken behandelt, hinzu kam «die Verteilung wöchentlicher Trockenrationen an 106 271 Personen und gekochten Essens an 51 580 durch die Hilfszentren; die Aufnahme von 13 246 Personen in die Sterbehäuser für Obdachlose und die erfolgreiche Entlassung von 8627 Personen, die sonst hätten sterben müssen; die Aufnahme von 6000 Kindern in die 103 ‹Shishu Bhavans›.» (Spink, S. 241)

1990 fiel die Erfolgsbilanz noch glänzender und die Statistik noch detaillierter aus: «102 Slum-Schulen für 15 279 Schüler, 187 Nähkurse für 7710 Mädchen, 10 Schreibmaschinenkurse für 579 Mädchen, 12 Englischkurse für 155 Jugendliche,

15 Dorfkindergärten für 722 Kinder, 20 Schulaufbaukurse für 884 Kinder. Sie besuchten in 428 Krankenhäusern die Patienten, betreuten 17 728 sozial-schwache Familien, 67 Gefängnisse, 15 345 Inhaftierte. Für über 5000 Kinder veranstalteten sie 44 verschiedene Sommer-Camps. In 107 Waisenhäusern betreuten sie 5974 Kinder, 2474 in 30 Tagesstätten; gaben 1532 alleinstehenden Müttern Obdach in 61 Heimen und in je 20 Nachtasylen 3678 Männern und 582 Frauen ein Bett. Sie verteilten 168 585 Wochenrationen Nahrung, kochten 52 712 Tagesmahlzeiten und versorgten 44791 dringende Fälle mit Notstandsfürsorge. In 629 Ambulanzen betreuten sie 3 846 711 Patienten; in 85 Zentren gegen Unterernährung 25 718 Kinder und in 57 Tuberkulosezentren 28 720 Patienten. Sie unterhielten 119 Leprastationen mit 18 802 Aufnahmen und 15 Rehabilitationszentren mit 3026 Leprakranken; 150 Sterbehäuser mit 17 123 Patienten, ein Krankenhaus für psychisch Kranke, vier Häuser für Alkohol- und Drogenkranke und bereits 1986/87 zwei Häuser für AIDS-Patienten in den USA.» (Konermann, S. 109) Dieses gigantische Pensum sollen 3068 Schwestern, 454 Novizinnen und 140 Kandidatinnen in 400 Häusern, verteilt auf mehr als 90 Länder, erledigt haben (vgl. Spink, S. 273) – und natürlich eine ungenannte Zahl ehrenamtlicher Helfer.

Beeindruckend an diesen Zahlen ist, daß die Schwestern meistens nur in kleinen Grüppchen leben, keineswegs in jeder Niederlassung (zumal im Westen) Krankendienst oder Kinderbetreuung angeboten wird, und es die im Orden kultivierte Bedürfnislosigkeit verbietet, die Küchen mit Einrichtungen der Großgastronomie auszustatten. Bis Anfang 2006 soll die Zahl der Schwestern um etwa ein Drittel gestiegen sein; weltweit kochten sie jetzt nach eigenen Aussagen für 500 000 Familien (!) und behandelten 90 000 Leprakranke. Auch diese Zahlen wirken wenig glaubhaft, vor allem wenn man sie mit den Angaben für das Jahr 1984 vergleicht. Mutter Teresa selbst gab in den 90er Jahren an, daß ihre Schwestern in Kalkutta (Stadt) täglich für 9000 Arme kochten. Zeitgleiche Vor-Ort-Recherchen Aroup Chatterjees in Kalkutta ergaben, daß die Schwestern täglich für maximal 500 Personen kochten, sie und die

Missionsbrüder eingerechnet. In München beispielsweise handelt es sich um etwa 30 Mittagessen täglich. Ein weiteres Beispiel für das eigenartige Verhältnis des Ordens zu Zahlen ist die berühmte «moderne Slumschule» in Motijhil, die nach Mutter Teresas Angaben (1986) von 5000 Schülern besucht werde, nach Chatterjee aber von weniger als 100. Man mag daraus die Schwierigkeiten ermessen, die sich für eine biographische Würdigung Mutter Teresas und die Darstellung der Verdienste ihrer Orden ergeben.

Die Qualität der Sozialdienste des Ordens steht bis heute in der Kritik derjenigen, die für die religiöse Motivation dieser Dienste wenig Verständnis aufbringen können. Der Orden ignorierte die Verbesserungsvorschläge von Ärzten und medizinischem Personal noch zu Lebzeiten Mutter Teresas, und es scheint dabei geblieben zu sein, wenn man entsprechenden Nachforschungen glauben darf. Auch die Ausbildung der Schwestern ist, ob sie nun zur Betreuung von Kranken oder von Kindern eingesetzt werden, überaus schlecht. Hinzu kommen, bedingt durch ihre vielen Ortswechsel, sprachliche Verständigungsschwierigkeiten. Mutter Teresa war der Auffassung, daß die Liebe, mit der die Schwestern die Ärmsten der Armen als Repräsentanten des Gekreuzigten pflegen, das wichtigste an ihrer Arbeit sei, nicht aber deren professionelle Durchführung. Ihr ging es um die Gewinnung von «Seelen für Christus», die ja den Motor ihres Entsühnungswerkes bilden. Die Zustände in Mutter Teresas Vorzeigeeinrichtungen, allen voran im Sterbehaus Nirmal Hriday, in dem bis heute 78 000 Patienten eingeliefert worden sein sollen, sind häufig und übereinstimmend beschrieben worden. So ist allgemein bekannt, daß Mutter Teresa den Einsatz professioneller (gespendeter) medizinischer Geräte verbot, Schmerz- und Betäubungsmittel aus ihren Einrichtungen weitgehend verbannte, daß Medikamente unsachgemäß verabreicht und grundlegende Hygienevorschriften nicht beachtet wurden, daß die Schwestern Spritznadeln nicht desinfizierten und so oft wiederverwendeten bis sie stumpf waren, daß sie Teppichböden herausrissen und Möbel zerschlugen, weil sie ihnen als Luxus erschienen, oder daß Mutter Teresa in einem ihr als Krankenhaus überlassenen Gebäude den Einbau eines Fahrstuhls verhinderte: Die Liste befremdlicher Beobachtungen und Erlebnisse ist lang. Mutter Teresa pflegte darauf zu antworten, daß verbesserte Bedingungen für die Leidenden ihren Einrichtungen den Charakter von Institutionen geben würde; dann aber wären sie nicht mehr für die Ärmsten der Armen bestimmt (vgl. Spink, S. 291). Eine derartige Argumentation ist nur aus Mutter Teresas extremer Leidensverehrung erklärlich:

«Wenn Ihr Dinge anschaffen müßt, wählt die weniger gute Qualität. Wir müssen stolz sein auf unsere Armut. Hütet Euch. [...] Es kann sein, daß wir Wasser für ein Bad in ein bestimmtes Stockwerk tragen müssen und dort bereits drei volle Eimer vorfinden. Dann sind wir versucht, das ganze Wasser zu verbrauchen [...] Wenn Ihr in einem ungelüfteten Raum schlafen müßt, ringt nicht nach Atem und seufzt nicht, damit Ihr nicht zeigt, daß Ihr Euch nicht wohlfühlt. Das ist die Armut! Die Armut befreit uns. Deshalb können wir spaßen, lachen und uns ein fröhliches Herz bewahren [...]. Verbleibt auf den schlichten Wegen der Armut, indem Ihr Eure Schuhe selbst repariert, die vielen Einkäufe in diesem Geist erledigt, mit einem Wort, indem Ihr die Armut wie eine Mutter liebt. Unsere Gemeinschaft wird leben, solange diese echte Armut besteht. [...] Wir müssen uns für sehr glücklich halten, wenn wir die Möglichkeit haben, diese wunderbare Armut zu leben [...] Der Herr hat manchmal wirklich Not gelitten, wie die Vermehrung der Brote und Fische und das Abreißen der Ähren im Weizenfeld zeigen [...] Und am Kreuz hatte er gar nichts mehr [...] Das Kreuz hatte er von Pilatus erhalten; die Nägel und die Dornenkrone von den Soldaten. Er war nackt; und als er tot war, nahm man ihm das Kreuz, die Nägel und die Dornenkrone weg; er wurde in ein Linnen gewickelt, das ein gütiger Mensch gespendet hatte, und er wurde in einem Grab beigesetzt, das nicht ihm gehörte. Dennoch hätte Jesus wie ein König sterben können [...] Er wählte die Armut, weil er wußte, daß sie das einzige Mittel ist, Gott in sich zu haben und seine Liebe auf die Erde zu bringen.» (Geistliche Texte, S. 92 f)

Solche Aussagen erklären indirekt, warum Mutter Teresa Schwierigkeiten hatte, die Spendengelder ihrem Zweck zuzuführen: Wo keine Armut und kein Leid ist, findet keine Gottesbegegnung statt und keine Entsühnung. Mutter Teresas Position ist mit den Strategien moderner Entwicklungshilfe, zu denen «Hilfe zur Selbsthilfe» oder ein sozialer Struktur- und Wertewandel gehören, nicht zu vereinbaren, weil für sie aus religiösen Gründen die punktuelle Linderung individuellen Leids im Vordergrund steht. Die Spannung zwischen der religiösen und der säkularen Sichtweise auf Mutter Teresas Wirken veranschaulicht eine viel belächelte, in Wahrheit aber tiefsinnige Episode, in der Mutter Teresa einer schwerkranken Hindu-Frau – nach manchen Hagiographen war es ein Mann – erklärte, daß ihre Schmerzen ein Liebesbeweis Jesu seien, weil er sie in ihrem Leid küsse. Die Frau antwortete: «Mutter, dann bitte Jesus, daß er aufhört mich zu küssen!»

7. Auf dem Weg zur Heiligsprechung

Reisen und Ehrungen

Hatte Mutter Teresa schon vor dem Empfang des Friedensnobelpreises ein beachtliches Reisepensum zu bewältigen, so spielte sich ihr Leben nach dieser Zäsur, die für sie die Zeit einer jahrzehntelangen, weltweiten Publicity einläutete, fast nur noch auf Reisen und in der Öffentlichkeit ab. Sie wollte jede ihrer Niederlassungen mindestens alle zwei Jahre visitieren und den ewigen Gelübden all ihrer Schwestern beiwohnen, was bei etwa 400 oder 500 Häusern weltweit, auf die ihr Orden bis 1997 angewachsen sein soll, ein beachtliches Reisepensum für eine alte Frau bedeutete. Hinzu kamen zahllose Weltreisen zu Veranstaltungen und Preisverleihungen sowie diplomatische Reisen im Auftrag von Papst Johannes Paul II., außerdem die Reisen zwischen Rom und Kalkutta. Fast jede ihrer Stationen war mit einem öffentlichen Auftritt vor öffentlichen Würdenträgern und Politikern der jeweiligen Länder und vor deren Nachrichtenmedien verbunden. Auch wenn Mutter Teresa zeitlebens ihre Themen nicht wechselte, mußten ihre Reden dennoch vorbereitet sein. Ihr Dienst am leidenden Christus bedeutete für sie jetzt, als seine Botschafterin durch die Welt zu reisen. Deshalb lehnte sie keine Ehrung und keinen Preis ab, gleichgültig wo, von wem und warum. Mutter Teresa war immer als Repräsentantin ihres Missionswerks – bzw. dessen der katholischen Kirche – unterwegs und verstand dies als ihren göttlichen Auftrag.

Im März 1980 empfing sie vom indischen Ministerpräsidenten N. Sanjiva Reddy den Bharat Ratna («Juwel von Indien») und damit die höchste Auszeichnung des Landes. Sie stand damit auf einer Stufe mit dem ersten indischen Vizepräsidenten und späteren Präsidenten (1962–1967) Sarvepalli Radhakrishnan, dem ersten indischen Premierminister Jawaharlal Nehru sowie ihren Freunden B. C. (Bidhan Chandra) Roy, dem obersten Minister von West-Bengalen, und der indischen Premierministerin Indira Gandhi. Sie wurde von Prinz Charles in Kalkutta besucht und erhielt eine Einladung von Johannes Paul II., seine Standpunkte zur Geburtenkontrolle und Abtreibung auf der Weltbischofsynode in Rom darzulegen. 1981 wurde sie von der Katholischen Universität «Sacro Cuore» (Heiliges Herz) zum Ehrendoktor der Medizin ernannt, durfte eine Niederlassung in der damaligen DDR eröffnen und auf der 72. Internationalen Versammlung des Rotarier-Clubs in Brasilien 12 000 Mitglieder zum Teilen und zur Selbsthingabe anregen. Ebenfalls 1981 wurde sie ins Weiße Haus gebeten, wo sie das amerikanische Präsidentenehepaar Ronald und Nancy Reagan darauf aufmerksam machte, daß Ronald Reagan nach dem Attentat auf ihn Jesus und den Armen näherstünde. Im Monat darauf befand sich Mutter Teresa in Nordirland, wo sie zum Thema Frieden sprach, danach flog sie nach London, um ein internationales Friedensgebet zu eröffnen. Mutter Teresa hatte nicht einmal Zeit, zur Beerdigung ihres Bruders zu kommen. Sie eröffnete in diesem Jahr 26 neue Niederlassungen, davon 18 außerhalb Indiens in aller Welt, und hatte überdies noch im Auftrag des Papstes nach Australien zu fliegen. Als stellvertretende Ordensleiterin während ihrer Abwesenheit hatte sie ihre Generalassistentin Schwester Frederick eingesetzt.

Im folgenden Jahr rief sie unter anderem in Nagasaki zum Gebet auf, sie reiste nach Beirut, um im Auftrag von Johannes Paul II. ein Zeichen seiner Solidarität mit den Kriegsopfern zu setzen; sie flog nach Mexiko, nach Rom, nach St. Louis, Glasgow, London und Dublin, um ihre Anti-Abreibungs-Kampagne zu pflegen, dazwischen immer wieder nach Indien und in ihre weltweit gestreuten Niederlassungen. 1983 befand sie sich in Australien, um von der Regierung mit dem «Orden von Australien» geehrt zu werden, und in London, um aus den Händen von Queen Elizabeth II. den «Order of Merit» zu empfangen. Im Juni wurde sie von einer Herzschwäche, die man entdeckt hatte, nachdem sie in Rom aus dem Bett gefallen war, einen Monat lang vom Reisen abgehalten. Sie regenerierte sich im Krankenhaus und setzte danach ihr Reisepensum fort. Dieses über fast vier Jahrzehnte zu rekonstruieren ist geradezu unmöglich, doch würde es ohnehin nur die Lebensroutine Mutter Teresas dokumentieren, ohne Einblicke in ihre innere Erlebenswelt zu gewähren. Trotzdem sind ihre Reisen natürlich Bestandteil ihrer Biographie, weshalb zumindest die pressewirksamsten genannt werden müssen.

1986 standen neben der üblichen Routine der Sudan wegen einer von Mutter Teresa mit Betroffenheit begleiteten Hungersnot, Khartum wegen der Bürgerkriegsopfer, außerdem Daressalam und Dodoma (Tansania) sowie Kenia auf dem Programm. Den, wie sie sagte, schönsten Tag ihres Lebens schenkte ihr Johannes Paul II. als er auf seiner Indienreise ihr zuliebe eine dreiviertel Stunde lang in ihrem Sterbehaus in Kalkutta weilte, obwohl die Patienten Nicht-Christen waren. Im Jahr darauf reiste sie nach San Francisco, New York, Österreich, Polen, Afrika und in die Sowjetunion, wo sie die Goldmedaille des Sowjetischen Friedenskomitees erhielt, außerdem besuchte sie Jassir Arafat, der ihr 50 000 US-Dollar schenkte, um Niederlassungen in Bethlehem und Jerusalem zu gründen. Eine

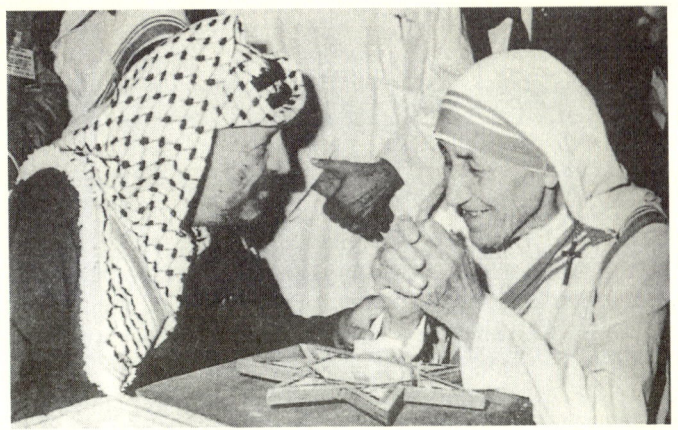

Der PLO-Chef Jassir Arafat empfängt 1986 Mutter Teresa,
um ihr eine Spende zu überreichen.

Tokyo-Reise im Frühjahr mußte sie wegen plötzlicher Herzprobleme absagen.

Im September 1989 wurde Mutter Teresa nach einem Erschöpfungsanfall in die Woodlands-Klinik in Kalkutta eingeliefert, wo sie wegen eines Herzklappenfehlers einen Monat lang behandelt wurde. Ende November bekam sie einen Herzschrittmacher. In dem Jahr ihres Zusammenbruchs standen bis Juni u. a. Budapest, Peru, die Schweiz und, auf Einladung des albanischen Präsidenten, das Grab ihrer Mutter in Albanien auf dem Reiseplan. Sie hatte sich in New York einer Augenoperation unterziehen müssen und flog noch während ihrer Rekonvaleszenz Ende August zu den Erdbebenopfern an der indisch-nepalesischen Grenze. Von Prinzessin Diana wurde ihr in diesem Jahr außerdem der «Woman-of-the-World-Award» überreicht, den die britische Organisation Womanaid International vergibt. Ihn sollen satzungsgemäß Frauen erhalten, die sich für Entwicklungshilfe, Umweltschutz, die Wahrung der Menschenrechte sowie für die soziale, politische und berufliche Gleichberechtigung der Frau einsetzen. Im November hatte Mutter Teresa noch Südafrika besucht, am 15. Dezember

weilte sie in Moskau, danach in Armenien, um sich bei den
50 000 Erdbebenopfern zu zeigen und um dem Premier- und
dem Außenminister sowie dem Vorsitzenden der kommunistischen Partei die Genehmigung zu entlocken, einige Schwestern
und einen Priester ins Land zu bringen.

1990 stellte sie ihr Amt als Generaloberin zur Verfügung
und rief zu diesem Zweck das Ordenskapitel zusammen. Doch
man wählte keine Nachfolgerin, sondern Mutter Teresa, die,
gerade 80 Jahre alt, das Votum annahm. Sie erkannte darin
den Willen Gottes, hatte sie doch schon auf dem Ordenskapitel
1985 ihr Amt niederlegen wollen und war dennoch einstimmig
wiedergewählt worden. Der Orden hegte die Befürchtung, daß
ohne sein «Zugpferd» Mutter Teresa das Spendenvolumen, das
damals von Außenstehenden immerhin auf dreißig bis fünfzig
Millionen US-Dollar pro Jahr geschätzt wurde, zurückgehen
könnte. Da Mutter Teresa keine Nachfolgerin aufgebaut hatte,
konnte sich die mangelnde Popularität einer an ihre Stelle tre-
tenden Schwester auf die Finanzen negativ auswirken. Die
Wiederwahl war richtig kalkuliert: Mutter Teresa reiste weiter
und erhielt weitere aufsehenerregende Ehrungen, und doch
war sie mittlerweile eine schwerkranke und, wie es heißt, mitunter auch schwer umgängliche Frau. Eine weitere Herzschwäche zwang sie, sich in die «Scripps Clinic and Research Foundation» in San Diego (Kalifornien) zu begeben. Eine Lungen-
entzündung führte zu einem vorübergehenden Herzstillstand.

Mutter Teresa bemühte sich nach ihrer Wiederwahl um Niederlassungen in den ehemaligen Ostblockländern. Sie durfte
unter anderem insgesamt neun in der ehemaligen Sowjetunion
eröffnen, eine Suppenküche in Budapest, in Bukarest ein Heim
für verelendete und schwer kranke Waisenkinder, zwei Häuser
in der früheren Tschechoslowakei und eines in Rumänien.
Auch in Albanien entstanden 1991 drei kleine Niederlassungen, wo die Schwestern angeblich sogar Katechismusunterricht
erteilten. Mutter Teresas Heimatkirche wurde wiedereröffnet
und mehrere säkularisierte Kirchen wieder in Betrieb genom-
men. Im Juli 1991 entsandte der Vatikan zu seiner Repräsen-
tanz bei der Staatsregierung einen ständigen Nuntius nach

Tirana, nachdem eine albanische Mehrparteienregierung gebildet worden war, an der erstmals auch Nicht-Kommunisten
beteiligt wurden. Fidel Castro gestattete ihr sieben Dependancen in Kuba, und auch Kambodscha ließ ihre Missionarinnen ein. Einzig China konnte ihre Mission nicht erreichen.

Im Februar 1992 mußte sie wieder ins Krankenhaus, diesmal in Rom. Lady Diana befand sich zu dieser Zeit in Kalkutta,
um Mutter Teresa einen Freundschaftsbesuch abzustatten, und
reiste sofort nach Rom weiter. Mutter Teresas Gegenbesuch
in London fand im September statt. Sie empfing Lady Diana
bei ihren Missionarinnen zu einem Privatgespräch. Der enge
Kontakt zwischen den beiden war für die Medien von besonde-
rem Interesse, weil sich Mutter Teresa zeitlebens so vehement
gegen Ehescheidungen ausgesprochen hatte. Im Fall Lady Dianas hatte sie jedoch großes Verständnis, weil Lady Diana eine
von Mutter Teresas Vorstellungen stark abweichende Lebensführung hatte und eine betont liberale Gesinnung zeigte. Überdies ließ sich die Begegnung als Treffen der wohltätigen «Königin der Herzen» mit dem «Engel von Kalkutta» verkaufen.

Auch das Jahr 1992 war ein Jahr des Triumphes: Der albanische Staatspräsident Ramiz Alia verlieh ihr die Ehrenbürgerschaft des Landes und stiftete einen Mutter-Teresa-Preis für
humanitäre Arbeit. Sie wurde zum Ehrenmitglied des «Royal
College of Surgeons of England» ernannt, eine unter Chirur-
gen bedeutende Auszeichnung, und vom Generaldirektor der
UNESCO mit dem «United Nations Cultural Agency's Peace
Education Award» (Preisgeld 50 000 US-Dollar) gewürdigt. In
New York empfing sie von Kardinal John O'Connor (Erzbischof von New York), der die gleichen papstnahen Ansichten
wie Mutter Teresa hegte und dafür häufig von den Medien kritisiert wurde, den an sie erstmalig verliehenen «Knights of St.
Columbanus' Gaudium et Spes Award» (Preisgeld 52 000 US-
Dollar). Bei den Knights of Columbanus handelt es sich um die
größte Laienbruderschaft der katholischen Kirche, deren
1,7 Millionen männliche Mitglieder von den Päpsten aufgrund
ihrer in den Statuten verankerten Papsttreue als «der starke
rechte Arm der Kirche» bezeichnet wurden. Sie sind mit über

12 000 Niederlassungen in den USA, Kanada, Mexiko, auf den Philippinen, in Puerto Rico, Kuba, der Dominikanischen Republik, Panama, Virgin Islands, Guatemala, Guam und Saipan vertreten und überaus vermögend: nach eigenen Angaben investierten sie innerhalb der letzten zehn Jahre über eine Milliarde US-Dollar in «Werke der Nächstenliebe» und betreiben u. a. für ihre Mitglieder ein als seriös geltendes Versicherungsprogramm. Der Preis «Gaudium et Spes» bezieht sich auf die gleichnamige Pastoralkonstitution des Zweiten Vatikanums über die Kirche in der heutigen Welt.

Ebenfalls 1992 wurde Mutter Teresa von Saddam Hussein nach Bagdad eingeladen, wo er sie zusammen mit einigen Ministern und Bischöfen empfing und ihr gestattete, ein Haus auf dem Gelände eines ehemaligen Dominikanerklosters zu eröffnen. Sogar ein Fahrzeug stellte er ihr als mobile Klinik zur Verfügung. Es handelte sich um eine aufsehenerregende politische Geste, denn Mutter Teresa hatte vor dem Golfkrieg einen Friedensappell an ihn gerichtet, der aber wirkungslos blieb, und sich über einen Mittelsmann erfolglos für die Freilassung eines in Bagdad festgehaltenen Briten eingesetzt. Mutter Teresa: «Ich hätte nie gedacht, daß unsere Anwesenheit Tausenden von Menschen so viel Freude bereiten würde. So viel Leiden überall. Einige unserer Schwestern können arabisch; da wird es nicht so schwierig sein.» (Spink, S. 285)

Im nächsten Jahr erhielt Mutter Teresa in Dublin von den Abtreibungsgegnern der «Pro-Life»-Bewegung die Ehrung der «Freedom of the City of Dublin», außerdem den päpstlichen Orden «Pro Ecclesia et Pontifice». Sie weilte u. a. in Antwerpen, Edinburgh, Oxford und London, wo sie auch für einen Besuch bei Lady Diana Zeit fand. Im August erkrankte sie vor einer Preisverleihung erneut, bei der sie von der indischen Regierung in Delhi «für die Förderung des Friedens und der gemeinschaftlichen Harmonie» ausgezeichnet werden sollte. Sie wurde nochmals am Herzen operiert und nach Kalkutta überführt. Dort setzte man ihr am 17. September einen Herzkatheter. Ende Oktober konnte sie schon wieder weiterreisen, diesmal nach Shanghai, wo sie ein Heim für behinderte Kinder eröffnete, nach Peking, wo sie mit ihren Missionsplänen erneut scheiterte, nach Rom, um bei der Ewigen Profeß einiger Novizinnen anwesend zu sein, und nach Polen. Im Februar 1994 plauderte sie anläßlich eines «National Prayer Breakfast» in Washington mit Hillary Clinton, im März versuchte sie wieder einmal in China ihr Glück, jedoch vergeblich. Ihre wichtigste Auszeichnung dieses Jahres war der «U-Thant-Friedenspreis», benannt nach dem dritten UNO-Generalsekretär (1961–1971) Maha Thray Sithu U Thant (1909–1974), einem aus Burma stammenden Buddhisten, der sich während des Kalten Krieges, der Kuba-Krise, dem Vietnamkrieg und im Nahostkonflikt um Vermittlung bemüht und sich für die Unterstützung der Entwicklungsländer eingesetzt hatte. Der Preis wurde ihr in Rom von einem Hinduführer als Würdigung ihres «schlaflosen Dienstes an der Menschheit» überreicht. Mutter Teresas Konzentrationsschwierigkeiten und ihre körperliche Schwäche waren inzwischen unübersehbar.

Zu ihren letzten herausragenden Ehrungen zählten ihre Ernennung zur Ehrenbürgerin der USA 1996 und im Jahr darauf die Überreichung der «Congressional Gold Medal» der USA «für ihre außergewöhnlichen und ausdauernden Beiträge zu einem Handeln der Humanität und der Nächstenliebe». Bei diesem Aufenthalt spazierte sie ein letztes Mal mit Lady Diana Hand in Hand durch die Bronx.

Kampagnen gegen Abtreibung und Verhütung

Mutter Teresas hervorragender Ruf in der Weltöffentlichkeit gründete vor allem auf einem humanitären Wertekanon und einem sozialethischen Sendungsbewußtsein, die man mit ihr als Entwicklungshelferin in Indien, Nonne und Friedensnobelpreisträgerin jahrzehntelang assoziierte, auch wenn diese profane, dafür aber in jedem Kulturkreis akzeptable Sicht ihrer Spiritualität und ihrem Missionswerk natürlich keineswegs gerecht wurde. Mutter Teresa beschränkte sich jedoch nicht auf den Appell an die soziale Verantwortung gegenüber Armen und Diskriminierten, sondern fühlte sich als Ikone der Nächstenliebe aufgefordert, sich zu aktuellen sozialethischen Grundsatzfragen zu äußern, für die ihre Kirche seit langem feste Antworten parat hielt und die sie als Missionarin natürlich auch in deren Sinne abhandelte. Auf diese Weise gelang es ihr, die offiziellen kirchlichen Positionen zu bestimmten Themen als dringende Anliegen von Staat und Gesellschaft erscheinen zu lassen. Mutter Teresa sprach bevorzugt über Abtreibung, Geburtenkontrolle und die Rolle der Frau in der christlichen Familie, berief sich dabei auf ihr Frausein und ihre soziale Kompetenz und rannte damit viele offene Türen ein, stieß aber auch in weniger kirchennahen, liberaleren Kreisen auf Empörung. Ihr wurde vielfach vorgeworfen, den ohnehin sehr langsam fortschreitenden Prozeß der Gleichstellung der Frau in Gesellschaft und ehelicher Gemeinschaft zu behindern, anstatt ihm als «schon jetzt heilige Powerfrau» ethische Impulse zu geben.

Von einer Ordensgründerin, die ihrem Papst Gehorsam geschworen hat und ihm ihr Missionswerk und ihre Publicity verdankt, Reden zu erwarten, die von der kirchlichen Linie abweichen, war für Mutter Teresa genauso wenig nachvollziehbar wie der Vorwurf, sich opportunistisch zu verhalten. Innerhalb ihrer jesuitischen Spiritualität ist unbedingte Papsttreue ein ganz selbstverständliches Gebot, das zugleich eine Ordenstugend darstellt, heißt es doch schon in den «Geistlichen Übungen»: «Wir müssen, um in allem sicher zu gehen, immer festhalten: was meinen Augen weiß erscheint, halte ich für schwarz, wenn es die hierarchische Kirche so bestimmt, weil wir glauben, daß in Christus unserem Herrn, dem Bräutigam, und in der Kirche, Seiner Braut, derselbe Geist wohnt, der uns zum Heil unserer Seele leitet und lenkt; denn durch den gleichen Geist und Unseren Herrn, der die zehn Gebote gab, wird auch unsere heilige Mutter, die Kirche, gelenkt und geleitet.» (Exercitia Spiritualia, Nr. 365) Genau dies gibt die vielzitierte Antwort Mutter Teresas auf die Frage eines Journalisten, was sich in der Kirche ändern sollte, in knappster Form wieder: «Sie und ich.» (Ozean, S. 75) Diese ebenso einfache wie handlungsorientierte Antwort steht aber auch für die Persönlichkeit Mutter Teresas, deren Interesse schon immer der konkreten Religionspraxis galt, nicht fundamentaltheologischen oder dogmatischen Erörterungen. Ihre Praxisbezogenheit erklärt

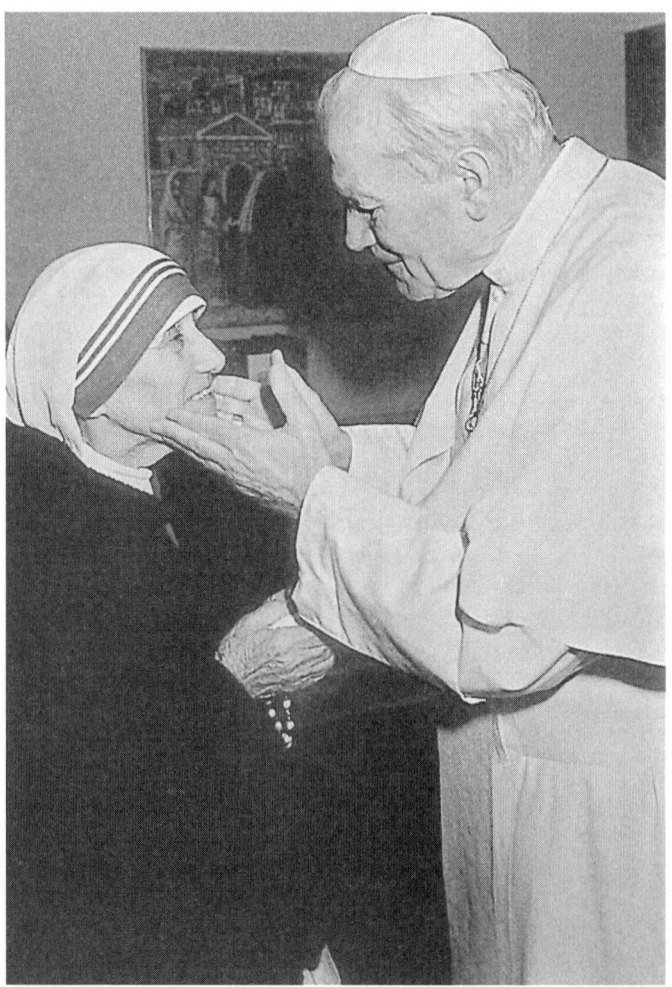

Privataudienz bei Johannes Paul II.,
dessen konservative Einstellung insbesondere zu Abtreibung
und Verhütung Mutter Teresa teilte.

auch, wie sie es schaffen konnte, ihrer aus der Sicht des Zweiten Vatikanums in zentralen Bereichen veralteten Spiritualität treu zu bleiben, ohne nach außen hin reaktionär zu wirken: Zu theologischen Analysen war Mutter Teresa nicht bereit, dafür war sie auf der ganzen Welt präsent, die spirituellen Traditionen, in denen sie sich bewegte, waren vom Konzil weder aufgehoben noch ausdrücklich bestätigt und von der breiten Öffentlichkeit nicht wahrgenommen worden.

In Zusammenhang mit Mutter Teresa erscheint es nicht sinnvoll, die Argumentationen aus dem Lager derjenigen darzustellen, die ihre Auffassungen vom Schutz des Lebens und der Rolle der Frau nicht teilen, da sie sich innerhalb eines geschlossenen Systems und folglich auch innerhalb eines anderen – des kirchlichen – Diskurses bewegte. Hinsichtlich ihrer traditionsverhafteten Spiritualität jedoch ist es auch für öffentlichkeitsnähere Themen als ihre Herz- und Leidensverehrung aufschlußreich, auf die kirchlichen Positionen seit dem ausgehenden 19. Jahrhundert zu blicken. Damals begann sich abzuzeichnen, daß die alten Reglementierungen der christlichen Ehe einer zeitgemäßen theologischen Aufarbeitung bedurften, nicht zuletzt weil – aus kirchlicher Sicht – der medizinische Fortschritt den Schutz des ungeborenen Lebens nicht mehr zu gewährleisten schien und neue Problemfelder, etwa in den Bereichen der Sexualmoral oder der Familienplanung, entstanden.

Als Argumentationsbasis diente u. a. ein Dekret über die Unerlaubtheit der Abtreibung (24.7.1895) und ein Schreiben des Heiligen Offiziums an den Bischof von Sinaloa (Mexiko, 4.5.1898) anläßlich einer diesbezüglichen Anfrage. Darin wird die Beschleunigung der Geburt dann als erlaubt erklärt, wenn das Leben von Mutter und Kind nicht gefährdet ist (etwa bei einem Kaiserschnitt); die künstliche Einleitung eines Abgangs, aus welchen Gründen auch immer, wurde verworfen. Aus diesen Ausführungen ergab sich der Beschluß des Heiligen Offiziums (5.3.1902), die Abtreibung von «unreifen Föten, die an falscher Stelle liegen», zu verbieten. In der Enzyklika «Casti connubii» (31.12.1930) wird dieses Verbot auch auf «medizinische, soziale und eugenische Indikationen» ausgeweitet, weil es sich bei einem ärztlichen Eingriff «zu Ungunsten» des Fötus um Mord handele: «[Wir sagten bereits] wie sehr es uns der Mutter erbarmt [...], aber was für ein Grund könnte jemals gelten, in irgendeiner Weise die direkte Tötung eines Unschuldigen zu entschuldigen? Darum handelt es sich nämlich an dieser Stelle. Ob sie nun der Mutter oder dem Kind zugefügt wird, sie ist gegen das Gebot Gottes und die Stimme der Natur. [...] Eine gleich heilige Sache nämlich ist das Leben beider, das zu erstikken niemals einer Autorität, nicht einmal der öffentlichen, erlaubt sein kann. [...] auch liegt kein sogenanntes ‹Recht der äußersten Notwendigkeit› vor, das bis zur direkten Tötung eines Unschuldigen reichen könnte.» Die Erklärung der Glaubenskongregation zur Abtreibung vom 18. November 1974 («Quaestio de abortu procurato») bezeichnet das Recht des Menschen auf Leben als das erste Recht und sieht die Aufgabe der Kirche in der «Verteidigung des Menschen gegen all das [...], was ihn zerstören und entehren kann». Sie bezeichnet es als Selbstwiderspruch, die Todesstrafe und jede Art von Krieg abzulehnen und zugleich die Abtreibung zu befürworten.

Genau diese Argumentation benutzte Mutter Teresa in ihrer Nobelpreisrede. Abtreibung sei der «größte Zerstörer des Friedens», denn «wenn eine Mutter ihr eigenes Kind töten kann, was hindert mich dann daran, Sie zu töten, oder Sie, mich umzubringen? Das macht keinen Unterschied.» (Spink, S. 223) Die medizinische, soziale oder eugenische Indikation verurteilte Mutter Teresa gemäß «Casti connubii». Sie behauptete schon 1973 forsch, für jedes ungewollte Kind einen Heimplatz bereitzustellen oder eine Adoption zu vermitteln. Mutter Teresa richtete folgerichtig auch Heime für ungewollte (und behinderte) Kinder ein. Die umfangreiche Instruktion der Glaubenskongregation «Donum vitae» (22.2.1987) vertiefte die bereits bestehenden kirchlichen Positionen und bezog sich u. a. auf eine Ansprache von Papst Pius XII. (12.11.1944), wo Abtreibung als Sünde gegen Gott und damit als die schwerste aller Sünden bezeichnet wurde: «Einzig Gott ist der Herr des Lebens vom Anfang bis zum Ende: Niemand kann sich – unter keinen Umständen – das Recht anmaßen, einem unschuldigen mensch-

lichen Geschöpf direkt den Tod zuzufügen.» Im Vergleich hierzu Mutter Teresa: «Es liegt nicht an uns zu entscheiden, ob es
besser ist, ob jemand geboren wird oder nicht. Nur Gott kann
über Leben und Tod entscheiden. Der Gesunde mag dem Tod
näher sein als der Sterbende. Er mag geistig tot sein, nur sieht
man es nicht. Wer sind wir schon, das zu beurteilen? Darum ist
die Abtreibung eine so schwere Sünde. Man tötet nicht nur Leben, sondern stellt sein eigenes Ich über Gott; Menschen entscheiden, wer leben und wer sterben soll. Sie wollen sich selbst
zum Gott machen. Sie wollen die Macht Gottes in die eigenen
Hände nehmen. Sie möchten sagen: ‹Ich kann ohne Gott fertig
werden. Ich kann selbst und ohne ihn entscheiden.› Das ist das
Teuflischste, was eine menschliche Hand tun kann. Darum
zahlen wir mit den schrecklichen Dingen, die in der Welt geschehen. Es ist eine Strafe, es ist der Schrei jener Kinder, die
ständig vor Gott treten.» (Konermann, S. 88)

Daß Mutter Teresa die natürliche Empfängnisverhütung befürwortete, erscheint nur auf den ersten Blick überraschend. Sie
glaubte, mit entsprechenden Methoden nicht nur unerwünschte Kinder und Abtreibungen zu verhindern, sondern auch das
Problem der Bevölkerungsexplosion in Indien und anderen Entwicklungsländern lösen zu können. In ihrer Nobelpreisrede zog
sie sogar eine erste, bezweifelbare Erfolgsbilanz: «Wir bringen
unseren Bettlern, unseren Leprakranken, unseren Slumbewohnern, unseren Leuten von der Straße die natürliche Geburtenkontrolle bei. Und allein in Kalkutta haben wir in sechs Jahren
– wohlgemerkt allein in Kalkutta – 61 273 Babys weniger in Familien, die sie sonst gehabt hätten, wenn sie nicht nach dieser
natürlichen Methode des Verzichts lebten, den Weg der Selbstdisziplin aus Liebe füreinander. Wir bringen ihnen die Temperaturmethode bei, die sehr einfach und sehr schön ist. Und
unsere armen Leute verstehen es. Und wissen Sie, was sie mir
gesagt haben? ‹Unsere Familie ist gesund, unsere Familie ist zusammen, und wir können ein Baby haben, wann immer wir
wollen.» (Spink, S. 335) Mutter Teresa sprach in Zusammenhang mit natürlicher Empfängnisverhütung sogar von «heiliger
Familienplanung». Sie bezog sich damit auf die kirchliche Er

laubnis vom 16. Juni 1880, sich an Tagen mit hoher Empfäng-
niswahrscheinlichkeit des Beischlafs zu enthalten, die in der
Enzyklika «Summi pontificatus» (20.10.1939) und in der Enzyklika «Humanae vitae» (25.7.1968) wiederholt wurde. Ehe-
leute hätten auf diese Weise Gelegenheit, sich «wahrhaft und in
jeder Hinsicht ein Zeugnis rechter Liebe» zu geben. Auch diese
Argumentation wiederholte Mutter Teresa.

Alle anderen Methoden zur Empfängnisverhütung lehnt die
Kirche ab, weshalb Mutter Teresa den nicht-christlichen Slumbewohnern Indiens die von der indischen Regierung nachdrücklich empfohlenen «nicht-natürlichen» Alternativen nicht
beibringen ließ. Natürlich demonstrierte Mutter Teresa damit
öffentlich, wenn auch in Indien kaum wahrgenommen, gegen
die Bevölkerungspolitik der indischen Regierung, die sogar Ste-
rilisationen vorsah. Doch stand ihr hierbei die Katholische Bischofskonferenz zur Seite, die an Indira Gandhi schrieb, daß
solche Eingriffe aus ihrer Sicht kategorisch abzulehnen seien.
Mutter Teresas Kampf galt hauptsächlich der Abtreibung und
der Verhütung, und diesen focht sie nach der Erfindung der An-
tibabypille weltweit, mit aller Konsequenz und unausgesetzt –
sogar anläßlich des Friedensnobelpreises, der ja satzungsgemäß
andere Leistungen würdigt. Die Argumentationsgrundlagen
boten ihr «Casti connubii», die Passagen über die erlaubte Ge-
burtenregelung in «Humanae vitae» (Nr. 16), die nur die Ent-
haltung vorsieht, aber auch die Darlegungen des Heiligen Offiziums vom 11. August 1936, in denen die «Verhütung behinder-
ter Nachkommenschaft» durch Sterilisation verboten wird.

Der Mann ist das Haupt, die Frau das Herz

Mutter Teresas richtlinienkonformes Apostolat zeigt sich nicht
nur in ihrem Kampf gegen Abtreibung und nicht-natürliche
Verhütung, sondern auch im Kampf gegen die Auflösung der
traditionellen familiären Rollenverhältnisse und die Emanzi-
pation der Frau. Dem Aufbrechen dieser Strukturen und dem
Egoismus emanzipierter Frauen – beide Phänomene einschließ-
lich der Ehescheidung akzeptiert die Kirche nicht – verdanke
man, so Mutter Teresa, das Auseinanderbrechen von Ehen und

Familien und die steigende Zahl verwahrloster, drogensüchtiger oder psychisch gestörter Jugendlicher. Mutter Teresa übertrug ihren Status als «Braut Christi» auf die Ehe zwischen Mann und Frau. Sie stellte klar, daß ihre Lebensaufgabe darin bestehe, ihrem Christus demütig, gehorsam, keusch und in Armut zu dienen, um sich seiner Gegenliebe würdig zu erweisen und von ihm geliebt zu werden. Genauso solle eine Ehefrau sich ihrem Mann gegenüber verhalten. An die christlichen Ehefrauen ging – natürlich auch an den christlichen Gatten – die Aufforderung zur Selbstheiligung innerhalb ihrer sakramentalen Ehegemeinschaft, und diese erfolge durch ein christliches Ehe- und Familienleben, in dem jeder seine Rolle ausfüllt. Die Aufgabe der Ehefrauen sei, analog zu ihrer eigenen, die Liebe, die sie von ihrem Gemahl täglich empfängt, an ihre Familie und besonders die Kinder weiterzugeben.

Wieder finden sich die bisherigen päpstlichen Vorgaben verbindlich in «Casti connubii» zusammengestellt: Die Ordnung der Liebe «umfaßt nämlich sowohl den Vorrang des Mannes gegenüber der Gattin und den Kindern als auch die freiwillige und nicht widerwillige Unterwerfung und Folgsamkeit der Gattin [...] ‹Die Frauen seien ihren Männern untertan wie dem Herrn; denn der Mann ist das Haupt der Frau, so wie Christus das Haupt der Kirche ist.› Dieser Gehorsam aber leugnet und beseitigt die Freiheit nicht, die der Frau sowohl angesichts der Vortrefflichkeit der menschlichen Person als auch angesichts der höchst vornehmen Aufgaben einer Gattin, Mutter und Gefährtin mit vollem Recht zusteht; [...] vielmehr verbietet er jene übertriebene Willkür, die sich nicht um das Wohl der Familie kümmert [...]. Wenn nämlich der Mann das Haupt ist, dann ist die Frau das Herz, und so wie jener den Vorrang der Leitung innehat, so kann und muß diese für sich den Vorrang der Liebe als Eigen beanspruchen.» Mutter Teresa fand dafür einfache Worte, etwa auf der Weltkonferenz des Internationalen Jahres der Frau in Mexico City 1975: «Wenn die Frau ihre Rolle zu Hause erfüllt, wenn Frieden in ihrer Umgebung ist, dann wird auf der Welt Frieden herrschen. Hier liegt die Aufgabe der Frau, die kein Mann übernehmen kann – die Kraft des Hervorbringens, die Kraft der Liebe. [...] Die Größe der Frauen liegt in ihrer Liebe zu anderen, nicht zu sich selbst.» (Spink, S. 182)

Da die Frau aber idealerweise ihre Rolle als Ehefrau und Mutter mit «ganzheitlicher Liebe» erfülle und die Ehe eine Liebesgemeinschaft darstelle, wie Mutter Teresa in Übereinstimmung mit «Humanae vitae» nicht müde wurde klarzustellen, komme sie ihrer Rolle auch gerne nach, um ihren Partner «durch die Hingabe [ihrer] selbst zu bereichern». Da mit einem solchen Standpunkt auch eine Aufwertung der Mutterschaft, des Familienlebens und der Erziehungsarbeit verbunden war, traf er, jedenfalls im Ergebnis, den modernen Zeitgeist und die Familienpolitik vieler Staaten, die nach dem «Pillenknick» für Nachwuchs und die gesellschaftliche Anerkennung der mütterlichen Erziehungsleistungen und Karriereopfer geradezu zu werben begannen. Mutter Teresa wurde deshalb von vielen internationalen, auch nicht-katholischen Frauenverbänden ausgezeichnet. Innerhalb Mutter Teresas Spiritualität jedoch hat diese «säkulare» Betrachtung ihres «Ehefrauenmodells» keine Bedeutung, weil die Ehe für die katholische Kirche und damit für sie keine Privatangelegenheit darstellt, sondern ein «einzigartiges Mittel zur Heiligung der Ehegatten und der christlichen Familie». Für die Ehegatten erwachse daraus die «Gnade und die moralische Verpflichtung, ihr ganzes Leben zu beständigen ‹geistlichen Opfern› umzugestalten», wie es in dem Apostolischen Mahnschreiben «Familiaris consortio» (22.11.1981) heißt.

Mutter Teresas religiöse Gemeinschaften für Laien, die in ehelichen Gemeinschaften leben, fordern Aktivitäten zur Selbstheiligung – Gebete und Werke christlicher Nächstenliebe – und stellen deshalb ein Modell dar, die kirchlichen Vorgaben zur Eheführung getreulich umzusetzen. Mutter Teresa: «Liebe beginnt zu Hause, und daher ist es wichtig, daß man zusammen betet. Wenn ihr zusammen betet, werdet ihr zusammenbleiben und euch so lieben, wie Gott jeden von euch liebt. [...] Wenn wir das nicht tun, wird es schwer sein, heilig zu werden, weiterzumachen, uns im Glauben zu stärken.» Die Mütter bildeten die Herzen der Familien, und ihre Aufgabe wäre, den Kindern den christlichen Glauben durch ihre eigene beispielhafte Katholizität einzupflanzen. In Übereinstimmung mit der dogmatischen Konstitution über die Kirche «Lumen gentium» (21.11.1964) hätten sie auf diese Weise an der Evangelisierung der Welt teil und erfüllten somit ihre Missionspflicht. Die Evangelisierung der Welt erfolge über katholische Familien: «Aus diesem Ehebund nämlich geht die Familie hervor, in der die neuen Mitbürger der menschlichen Gesellschaft geboren werden, die durch die Gnade des Heiligen Geistes in der Taufe zu Kindern Gottes gemacht werden, um dem Volk Gottes im Lauf der Zeiten Dauer zu verleihen. In solch einer Art Hauskirche sollen die Eltern durch Wort und Beispiel für ihre Kinder die ersten Glaubensboten sein und die einem jeden eigene Berufung fördern, die geistliche aber mit besonderer Sorgfalt.» Je mehr Christen auf der Welt lebten, desto besser würde die Welt. Bei den Frauen liege eine große Verantwortung, denn sie leisteten dafür die apostolische Basisarbeit. Da im Laienapostolat und nicht in den ständig schrumpfenden geistlichen Missionsgemeinschaften das größere Missionspotential liege, wurde es im Zweiten Vatikanum besonders gewürdigt und von Mutter Teresa mit der Pflege der Herzwunde Christi in den Familien beauftragt. Sie war übrigens mit ihrem Bestreben, das Alltagsleben von Laien zu heiligen und auf diese Weise die Welt zu verchristlichen, nicht alleine; auch das Opus Dei teilt diese Zwecksetzung, doch richtet es sich im Gegensatz von Mutter Teresas Gründungen an gesellschaftliche und intellektuelle Eliten.

Mutter Teresas unermüdliche Beiträge zur Rolle der Frau in der Gesellschaft erfuhren schließlich durch das apostolische Schreiben «Mulieris dignitatem» (15.8.1988) Papst Johannes Pauls II. eine Bestätigung. Die «Verletzung der Gleichheit» von Mann und Frau wird darin als ein von Gott gegebenes «Geschenk und Recht» bezeichnet; die Frau könne nicht «gegen ihre weibliche ‹Eigenart› männliche Eigenarten zu den ihren» machen, und «die Furcht ist begründet, daß sich die Frau auf diese Weise nicht vervollkommnet.» Die «zwei Arten der weiblichen Berufung» seien Mutterschaft und Jungfräulichkeit, welche eine «geistige Mutterschaft» bedeute, und genau auf diesem Weg sah Mutter Teresa ihr eigenes Frausein verwirklicht.

Letzte Lebensjahre und Seligsprechung

Mutter Teresa bekam nach ihrer Herzoperation 1993 ihr Alter, aber auch erste Imageschäden schwer zu spüren. Sie hatte sich jahrzehntelang keiner öffentlichen Kritik aussetzen müssen und war aufgrund ihres Alters auch nicht mehr kritikfähig. Auf Christopher Hitchens Enthüllungs-Sendung «Hell's Angel», die das Britische Fernsehen im November 1994 ausstrahlte, war ihr Kommentar lediglich ein hilflos wirkender Aufruf zur Fürbitte: «Betet, daß dieser Mann sich bewußt wird, was er getan hat, denn Jesus hat gesagt, was du dem Geringsten antust, tust du auch ihm an.» (Spink, S. 320) Mutter Teresa äußerte sich auch zu Hitchens 1995 erschienenen Buch «The Missionary Position. Mother Teresa in Theory and Practice» nicht, wo er das angedeutete Mißverhältnis zwischen ihrer tatsächlich geleisteten Sozialarbeit und ihrem Ruf als «Engel von Kalkutta» konstatierte und dies – im Duktus nicht gerade sine ira et studio – belegte. Hitchen stützte seine Angriffe auf die Recherchen Aroup Chatterjees, die dieser in Teilen vorveröffentlicht hatte und erst 2003 unter dem Titel «The Final Verdict» publizierte. Der Orden äußert sich bis heute zu keinem der seither immer zahlreicher werdenden und mittlerweile allgemein bekannten Vorwürfe und folgt auch hier Mutter Teresas Vorbild. Hitchens Buch erschien zeitgleich mit dem von Lucinda Vardey zusammengestellten, aber unter Mutter Teresas Namen firmierenden Buch «Der einfache Weg», das in deren Spiritualität der Nächstenliebe einführen will.

Im Jahr darauf wurde Mutter Teresa von Indiens ranghöchstem Hindu-Priester vorgeworfen, erhebliche Summen nach Nordindien transferiert zu haben, um dort wider geltendes Recht die Menschen zum Christentum zu bekehren und Kirchen zu errichten. Auch ihre Anti-Abtreibungs- und Anti-Verhütungs-Kampagnen wurden zunehmend öffentlich kritisiert, weil die indische Regierung in der Überbevölkerung ein Problem und kein Gottesgeschenk sah und nicht-natürliche Methoden der Familienplanung empfahl. Sogar von der Katholischen Bischofskonferenz und von der ihr jahrzehntelang so freundlich gesinnten indischen Presse wurde Mutter Teresa ge-

rügt, weil sie sich für die Reservierung von Arbeits- und Aus-
bildungsplätzen für Christen aus niederen Kasten (dalit-Debat-
te, 1995) stark machte und einem sit-in beiwohnte. Ihre Teilnahme daran bestritt sie auf einer eigens zu diesem Zweck ein-
berufenen Pressekonferenz; sie habe die Veranstaltung für eine
Gebetsveranstaltung gehalten. Die 85-jährige Mutter Teresa war offensichtlich allmählich überfordert. Auch wird ihr
der Tod langbewährter Weggenossen nahegegangen sein: Van
Exem war kurz nach ihrer Herzoperation im September 1993
gestorben und hatte ihr noch einen Abschiedsbrief hinterlas-
sen. Ann Blaikie, die den Verband der Mitarbeiter von der ersten Stunde an gelenkt hatte, starb nach einer Alzheimer-Er-
krankung im Januar 1996. Und Jacqueline de Decker, ihr zweites betendes Selbst, legte 1996 ihre Dienste nieder.

Mutter Teresa zog sich am 1. April 1996 einen Schlüsselbein-
bruch zu, von dem sie sich aber gut erholte. Bereits im Juni war
sie wieder auf Reisen, doch stürzte sie in Dublin erneut und
brach sich den Ellenbogen. Sie zeigte außerdem Gedächtnislük-
ken. Im August kämpfte sie in der Woodlands-Klinik gegen
Herzprobleme und eine Malaria. Am 6. September konnte sie
das Krankenhaus verlassen, doch mußte sie nach einem Sturz
zehn Tage später wieder zurück. Am 22. Oktober erlitt sie
einen Herzstillstand und mußte in in eine Herzklinik, Ende
November kamen nach einer Operation Lungen- und Nieren-
probleme hinzu, doch wieder erholte sie sich.

Auf dem Generalkapitel im Februar und März 1997 wurde
unter sechs Kandidatinnen Schwester Nirmala (geb. 1934) zu
Mutter Teresas Nachfolgerin gewählt. Sie ist eine Offiziers-
tochter aus Bihar, gehörte zur höchsten Kaste der Brahmanen,
konvertierte mit 24 Jahren zum Katholizismus und trat in
Mutter Teresas Orden ein. Dort durfte sie Jura studieren. Mutter Teresa schickte sie nach Europa und in die USA, um die
dortigen Zentren zu leiten, seit 1979 führte sie den kontemplativen Zweig. Sie soll – es finden sich natürlich auch hierzu abweichende Angaben – die Verantwortung für 579 Häuser in
122 Ländern und 3630 Schwestern übernommen haben. Mutter Teresa reiste mit Schwester Nirmala im Mai nach Rom, um

dem Papst ihre Nachfolgerin vorzustellen und an der Profeß einiger Schwestern teilzunehmen.

Kurz vor ihrem Tod wurde der an Herzschmerzen und Schlaflosigkeit leidenden Mutter Teresa auf Anregung des mit ihr befreundeten Erzbischofs von Kalkutta, Henry D'Souza, der sich selbst gerade stationär in demselben Krankenhaus aufhielt, ein Exorzismus – ein kirchliches Ritual zur Teufelsaustreibung – zuteil. Sie soll danach «wie ein Baby» geschlafen haben. Auch diese Enthüllung, die erst 2001 an die Öffentlichkeit gelangte, ist Bestandteil von Mutter Teresas Legende, denn sie demonstriere ihre Heiligkeit. Der Exorzismus und einige Briefe, die während des Seligsprechungsprozesses auftauchten und von Glaubenszweifeln zeugen, zeigten, daß Mutter Teresa heilig und menschlich zugleich war, so D'Souza, und bewiesen gerade deshalb ihre Heiligkeit. Auch unter hagiographischen Gesichtspunkten ist dies der Fall, denn Teufelsbesuche und das Gefühl, von Gott verlassen zu sein, erlebte auch Jesus. Gott erlaube denjenigen, die am meisten an ihn glauben, an ihm zu zweifeln, um sie noch fester an ihn zu binden, was Mutter Teresa in die unmittelbare Jesusnachfolge rücke, so Schwester Nirmala.

Ihren 87. Geburtstag verbrachte Mutter Teresa im Mutterhaus in Kalkutta. Es war ihr letzter großer Medienauftritt. Sie erklärte u. a., für Lady Diana beten zu wollen, die zusammen mit ihrem Freund bei einem Autounfall in Paris tödlich verunglückt war. Mutter Teresa starb am 5. September, einen Tag vor Lady Dianas Beisetzung. Sie bekam von der indischen Regierung eine Woche später ein Staatsbegräbnis, das vom Staatsfernsehen fünf Stunden lang live übertragen wurde. Auch ausländische Fernsehsender berichteten. An der Trauerfeier nahmen Prominente und Staatsvertreter aus aller Welt teil, darunter die Staatschefs von Italien, Albanien und Indien, Hillary Clinton, Bernadette Chirac, Königin Sophia von Spanien und Königin Fabiola von Belgien. Deutschland vertraten der ehemalige Arbeits- und Sozialminister Norbert Blüm und die damalige Vizepräsidentin des Bundestages, Antje Vollmer. Papst Johannes Paul II. wurde von Kardinalstaatssekretär Angelo Sodano vertreten, der in seiner Trauerrede Mutter Teresa «im Paradies willkommen» hieß, und D'Souza wandte sich zum Abschluß seiner Rede an die Armen: «Dank an Euch, die Armen, die Ihr Mutter Teresa geschaffen habt!» (FAZ, 15.9.1997, S. 3) Die Beisetzung erfolgte im Mutterhaus der Missionarinnen der Nächstenliebe.

Nachdem der Heilige Stuhl gegen die vorzeitige Aufnahme des Seligsprechungsverfahrens keine Einwände geäußert hatte – üblicherweise muß damit mindestens fünf Jahre nach dem Tod gewartet werden –, wurde es am 26. Juli 1999 offiziell eröffnet. Pater Brian Kolodiejchuk M. C. wurde von den Generaloberen der Orden Mutter Teresas als Postulator bestimmt, Schwester M. Lynn Mascarenhas M. C. als seine Stellvertreterin. Die Kommission, die für die Erforschung von Mutter Teresas Lebens- und Tugendwandel zuständig war, wurde von D'Souza zusammengestellt. Nach Abschluß der Arbeiten (August 2001) lagen achtzig Bände Material à 450 Seiten zur Begutachtung vor. Im April 2002 sandte der Prozeßberichterstatter seine Akten an die Kongregation für die Selig- und Heiligsprechungsprozesse. Diese Akten werden auch nach Abschluß des mittelfristig bevorstehenden Heiligsprechungsprozesses ebensowenig zugänglich sein wie Teile des weltweit gestreuten Archivmaterials. Solange eine systematische Akteneinsicht nicht möglich ist, müssen die vielen Lücken, Ungenauigkeiten, Ungereimtheiten und Falschmitteilungen in den Büchern über Mutter Teresa, an denen zwangsläufig auch diese Darstellung leidet, stehenbleiben. Entsprechendes gilt leider auch für die noch nebulösere Geschichte von Mutter Teresas Orden und ihrer Zweige.

An Mutter Teresas heroischem Tugendgrad gab es keine Zweifel, die Anerkennung des für die Seligsprechung notwendigen posthumen Wunders ließ jedoch bis zum 1. Oktober 2002 auf sich warten. Demnach hätten einige Missionarinnen der Nächstenliebe genau am ersten Jahrestag von Mutter Teresas Tod der todkranken Inderin Monika Besra eine von Mutter Teresas persönlichen Medaillen auf ein riesiges Krebsgeschwür in ihrem Bauch gelegt und dazu gebetet, woraufhin die Heilung über Nacht eingetreten wäre. Besra war Analphabetin und lebte mit Mann und Kindern unter ärmlichsten Verhältnissen in einem Stamm bei Dangram (460 Meilen nordöstlich von Kalkutta). Während der ersten Monate bestand Monika Besras Ehemann darauf, daß seine Frau durch die Medikamente geheilt worden sei, die sie über ein Jahr lang einnehmen mußte. Auch die behandelnden Klinikärzte waren sich ausdrücklich keines Wunders bewußt. Es habe sich nicht um ein tödliches Krebsgeschwür, sondern um eine tuberkulosebedingte, mittelgroße Bauchzyste gehandelt, und diese habe sich vollständig zurückgebildet. Sonogramme, Rezepte und ärztliche Aufzeichnungen, aus denen die Krankengeschichte hervorginge, seien ihr jedoch, so Besra, von Schwester Betta M. C. abgenommen worden und seither verschwunden. Vom Orden kam kein Kommentar (TIME Asia Magazine, 21.10.2002). Später war nicht nur Monika Besra, sondern auch ihr Ehemann von Mutter Teresas Wunder überzeugt: «Es war [Mutter Teresas] Wunderheilung, die meiner Frau geholfen hat. Nun erhalten meine Kinder und ich mit Hilfe der Nonnen eine Ausbildung, und ich konnte es mir leisten, ein kleines Stück Land zu kaufen. Alles hat sich zum Besseren gewandelt.» (Telegraph News 5.10.2003) Das Ehepaar konvertierte zum Christentum, und Besra durfte zur Seligsprechung Mutter Teresas am 19. Oktober 2003, dem Weltmissionssonntag, nach Rom fliegen.

In seiner Rede zur Seligsprechung würdigte Papst Johannes Paul II. Mutter Teresa «als Ikone des barmherzigen Samariters», die überall hingegangen sei, «um Christus in den Ärmsten der Armen zu dienen. Nicht einmal Konflikte und Kriege konnten sie aufhalten. [...] Den Durst Jesu nach Liebe und nach Seelen in Vereinigung mit Maria, der Mutter Jesu, zu stillen wurde das alleinige Ziel von Mutter Teresas Leben und die innere Kraft, die sie über sich selbst hinauswachsen und über den Globus ‹eilen› ließ, um für die Rettung und Heiligung der Ärmsten der Armen tätig zu sein. [...] Mutter Teresa fand ihre tiefste Erfüllung und lebte die edelsten Eigenschaften ihres Frauseins in der vollkommenen Hingabe ihrer selbst an Gott und den Nächsten. [...] Mutter Teresa ‹führte also Seelen zu Gott, und den Seelen brachte sie Gott›, und sie stillte den Durst Christi, besonders nach denen in größter Not, nach denen, deren Gottesbild durch Leiden und Schmerzen getrübt war.»

Zeittafel

27.8.1910	Geburt in Skopje (Mazedonien).
1925	Der Jesuit Franjo Jambreković wird Pfarrer in Skopje und prägt die Spiritualität der späteren Mutter Teresa; Heiligsprechung Theresias von Lisieux, mit der sich Mutter Teresa zeitlebens identifizierte.
1928	Eintritt in den jesuitennahen Orden der Loreto-Schwestern.
Januar 1929	Beginn des Noviziats im nordindischen Darjeeling als Schwester Teresa.
1937	Schwester Teresa legt die letzten Ordensgelübde ab und nennt sich Mutter Teresa.
1929–1948	Lehrerin an der High School ihres Ordens in Kalkutta, seit 1937 Schulrektorin.
1942	Papst Pius XII. weiht die Welt dem Herzen Mariens und gibt Mutter Teresas Verehrung des «Unbefleckten Herzens Mariens» neue Impulse.
1944	Das Fest des «Unbefleckten Herzens Mariens» wird in der katholischen Kirche eingeführt.
10.9.1946	Mutter Teresa entschließt sich auf einer Zugfahrt, einen Missionsorden für die «Ärmsten der Armen» zu gründen (sog. «Zugerlebnis»).
15.8.1947	Unabhängigkeitserklärung Indiens; die Aufnahme eines Missionierungsverbots in die neue Verfassung wird diskutiert.
12.4.1948	Mutter Teresa erhält die Erlaubnis, ihr Kloster zu verlassen, um ihre Ordensgründung vorzubereiten.
Ende 1948	Erwerb von Grundkenntnissen der Krankenpflege; Beginn der Mission im Slum Motijhil, Unterkunft bei den «Little Sisters of the Poor».
1949	Februar: Unterkunft im Haus der Familie Gomes; erste Schwestern schließen sich Mutter Teresa an.
bis 1950	Etablierung eines festen Helferkreises.
7.10.1950	Erhebung der «Missionarinnen der Nächstenliebe» (Missionaries of Charity, M.C.) zur Diözesankongregation durch Papst Paul VI.; Mutter Teresa wählt das «Unbefleckte Herz Mariens» zum Ordenspatronat.
1952	Gründung der «Gemeinschaft der kranken und leidenden Mitarbeiter».

1953	Umzug ins neue Mutterhaus in Kalkutta.
1954	Erstes Sterbehaus Nirmal Hriday; Ann Blaikie schließt sich Mutter Teresa an und übernimmt wichtige Aufgaben in den Bereichen Publicity und Verwaltung.
1955	Die Gründung des Warschauer Paktes als Pendant zur NATO (1949) festigt die Fronten des Kalten Krieges, auf dessen politisches Klima die Imagebildung Mutter Teresas als «Ikone der Nächstenliebe» zurückgeht. Erstes Kinderhaus Shishu Bhavan.
1957	Erste mobile Lepraklinik.
1959	Erstes Leprazentrum in Titagarh, erste indische Niederlassungen der «Missionarinnen der Nächstenliebe» außerhalb Kalkuttas.
1960	Gründung des Mutter-Teresa-Komitees durch Ann Blaikie in England; Beginn der weltweiten und lebenslangen Reisetätigkeit Mutter Teresas.
1961	Konstituierung der «Bewegung der blockfreien Staaten», als deren inoffizielle Friedensbotschafterin Mutter Teresa künftig wirkt.
1962	Indischer Lotusorden; philippinischer Magsaysay-Preis.
25.3.1963	Gründung des Ordens der «Missionsbrüder der Nächstenliebe».
1964	Gründung der Leprosenstadt Shanti Nagar.
1.2.1965	Die «Missionarinnen der Nächstenliebe» werden Gesellschaft päpstlichen Rechts und verbreiten sich weltweit.
1965	Erste ausländische Niederlassung in Cocorote (Venezuela).
26.3.1969	Gründung des «Internationalen Verbands der Mitarbeiter von Mutter Teresa».
1971	Verleihung des «Friedenspreises Papst Johannes' XXIII.» durch Papst Paul VI.; Ehrendoktorwürde (Washington).
1972	Jawaharlal-Nehru-Preis (New Delhi).
1973	Templeton-Preis (London).
1975	Albert-Schweitzer-Preis (North Carolina); Ehrendoktorwürde Antigonish, Kanada.
1976	Gründung des kontemplativen Ordenszweiges der «Schwestern des Wortes» (seit 1977 «Kontemplative Missionarinnen der Nächstenliebe»); Ehrendoktorwürde New Delhi.
1977	Ehrendoktorwürde Cambridge; Cavalieri-dell'Umanità-Preis (Mailand).
1978	Beginn des Pontifikats von Johannes Paul II., der Mutter Teresa besonders förderte; Gründung des kontemplativen Ordenszweiges der «Brüder des Wortes» (seit 1985 «Kontemplative Brüder der Missionarinnen der Nächstenliebe»); Balzan-Preis (Zürich/Mailand).
1979	Verleihung des Friedensnobelpreises (Oslo); nach dem

NATO-Doppelbeschluß und der sowjetischen Invasion in Afghanistan, die die Blockkonfrontation unterstreichen, wird der Verleihung an eine Nonne in den Medien hoher symbolischer Wert zugemessen.

1980   Bharat Ratna-Preis (höchste Auszeichnung Indiens).

1981   Ehrendoktorwürde Rom; Staatspreis Haitis (vom Diktator Jean-Claude Duvalier verliehen).

1983   Der Beginn des US-amerikanischen SDI-Projekts wertet in den Augen ihrer Anhänger Mutter Teresas Mission der Nächstenliebe ideologisch auf; Verdienstorden Großbritanniens; «Orden von Australien».

1984   Gründung einer Priestergemeinschaft der «Missionarinnen der Nächstenliebe», die 1987 als «Fathers Missionaries of Charity» päpstlich bestätigt wird.

1985   Freiheitsmedaille der USA.

1986   Papst Johannes Paul II. besucht Nirmal Hriday.

1987   Goldmedaille des Sowjetischen Friedenskomitees.

1988   Honorary Order of Merit (London).

1989   Die Auflösung des Warschauer Paktes und der Sowjetunion erleichtert Mutter Teresa die Niederlassung ihrer Orden im ehemaligen Ostblock; Women-of-the-World (London); Zusammenschluß der «Laienmissionare der Nächstenliebe»; Herzoperation und fortwährende Herzprobleme Mutter Teresas.

1992   Ehrenbürgerschaft Albaniens; «United Nations Cultural Agency's Peace Education Award» der UNESCO; «Gaudium-et-Spes-Award»; Besuch bei Saddam Hussein.

1993   Mutter Teresas erneute Herzoperation wird von weltweitem Medieninteresse begleitet.

1994   U-Thant-Friedenspreis; Auflösung des «Internationalen Verbands der Mitarbeiter» (seit 1998 als «International Movement of Co-Workers of Mother Teresa» geführt); Enthüllungsfilm «Hell's Angel».

1996   Ehrenbürgerschaft der USA.

1997   Congressional Gold Medal (USA); Wahl Schwester Nirmalas zur Generaloberin und Nachfolgerin Mutter Teresas. Apostolische Anerkennung des «Corpus-Christi-Movement» Mutter Teresas als internationale Vereinigung von Diözesanpriestern.

5.9.1997   Tod Mutter Teresas in Kalkutta.

26. Juli 1999   Eröffnung des Seligsprechungsverfahrens.

1.10.2002   Kirchliche Anerkennung eines posthumen Heilungswunders.

19.10.2003   Seligsprechung; Beginn des Heiligsprechungsverfahrens.

Literaturhinweise

Wichtige Schriften von Mutter Teresa

Der einfache Weg, 1995.
Ein Weg zum Lieben. Meditationen, 1993.
Für jeden Tag. Gedanken von Mutter Teresa, 1990.
Geistliche Texte, 1977.
Liebe beginnt zu Haus, 1980.
Lieben bis es weh tut, 1979.
Mein Geheimnis, 1981.
Wie ein Tropfen im Ozean. Hundert Worte von Mutter Teresa, 1997.
Worte der Liebe. Mit einer Einführung von M. Muggeridge, 1979.

Biographien

Allegri, Renzo: Mutter Teresa. Ein Leben für die Ärmsten der Armen, 1996.
Chawla, Navin: Mutter Teresa. Die autorisierte Biographie, 1993.
Devanda, Angelo: Mother Teresa. Contemplative at the Heart of the World, 1985.
Doig, Desmond: Mutter Teresa. Ihr Leben und Werk in Bildern, 1976.
Egan, Eileen: Such a Vision of the Street. Mother Teresa – The Spirit and the Work, 1985.
Feldmann, Christian: Die Liebe bleibt. Das Leben der Mutter Teresa. Mit einem Vorwort von Roger Schutz, 1997.
Gray, Charlotte: Mutter Teresa. Die Helferin der Ärmsten der Welt, 1989.
Konermann, Bernward: Mutter Teresa – Heiligkeit ist kein Luxus, in: Der Friedens-Nobelpreis von 1979 bis 1982, hg. v. Michael Neumann, 1992, S. 31–135.
LeJoly, Edward, S. J.: Mother Teresa. The Glorious Years, 1993.
–: Wir leben für Christus. Mutter Teresas geistlicher Weg, 1978.
McGovern, James: Christi Liebe weitergeben. Das Leben der Mutter Teresa, 1980.
Greene, Meg: Mother Teresa, 2004.
Muggeridge, Malcolm: Mutter Teresa, 1972 (Neuauflagen mit unterschiedlichen Untertiteln).
Porter, David: Mutter Teresa. Von Skopje nach Kalkutta. Die Geschichte einer Berufung, 1988.

Sebba, Anne: Mother Teresa. Beyond the Image, 1997.
Spink, Kathryn: Mutter Teresa. Ein Leben für die Barmherzigkeit, 1997.

Andere Darstellungen

Chatterjee, Aroup: The Mother of all Myths, in: http://website.lineone.net/~bajuu/.
–: Mother Teresa. The Final Verdict, 2002, Auszüge in: http://www.meteorbooks.com/index.html.
Fischer, Werner: Mutter Teresa. Ein Heiligkeitsmodell kritisch betrachtet, 1985.
Hitchens, Christopher: The Missionary Position. Mother Teresa in Theory and Practice, London / New York 1995.
Sammer, Marianne: Mutter Teresa begegnen, 2003.

Personenregister